华中师范大学法学院基层社会法治丛书

基层慈善视域下慈善信托法律制度研究

RESEARCH ON THE LEGAL SYSTEM OF CHARITABLE TRUST FROM THE PERSPECTIVE OF GRASSROOTS CHARITY

文杰 著

中国社会科学出版社

图书在版编目（CIP）数据

基层慈善视域下慈善信托法律制度研究 / 文杰著 . —北京：中国社会科学出版社，2020.9

（华中师范大学法学院基层社会法治丛书）

ISBN 978 - 7 - 5203 - 7592 - 4

Ⅰ.①基⋯　Ⅱ.①文⋯　Ⅲ.①慈善事业—信托法—研究—中国　Ⅳ.①D922.282.4

中国版本图书馆 CIP 数据核字（2020）第 244878 号

出 版 人	赵剑英
责任编辑	范晨星　李　沫
责任校对	赵雪姣
责任印制	王　超

出　　版	中国社会科学出版社
社　　址	北京鼓楼西大街甲 158 号
邮　　编	100720
网　　址	http://www.csspw.cn
发 行 部	010 - 84083685
门 市 部	010 - 84029450
经　　销	新华书店及其他书店

印　　刷	北京明恒达印务有限公司
装　　订	廊坊市广阳区广增装订厂
版　　次	2020 年 9 月第 1 版
印　　次	2020 年 9 月第 1 次印刷

开　　本	710×1000　1/16
印　　张	13
插　　页	2
字　　数	188 千字
定　　价	75.00 元

凡购买中国社会科学出版社图书，如有质量问题请与本社营销中心联系调换
电话：010 - 84083683
版权所有　侵权必究

目　　录

引　言 ………………………………………………………… (1)

第一章　慈善信托的信托法基础 …………………………… (6)
第一节　信托的定义 ………………………………………… (6)
　　一　两大法系关于信托定义的立法例与学说 ……………… (6)
　　二　中国《信托法》中信托的定义 ………………………… (8)
第二节　信托法的强行性与任意性 ………………………… (11)
　　一　问题的提出 ……………………………………………… (11)
　　二　信托法的定性：强行法抑或任意法 …………………… (12)
　　三　信托法强行性与任意性边界的厘定：一个理论
　　　　分析框架 ………………………………………………… (15)
　　四　中国信托法规范模式的重构：强行性规范的限制
　　　　与任意性规范的扩张 …………………………………… (21)
第三节　信托财产权在中国面临的困境及其出路 ………… (24)
　　一　信托财产权在中国面临的困境 ………………………… (24)
　　二　信托财产权在中国面临困境的原因 …………………… (26)
　　三　信托财产权在中国的出路 ……………………………… (30)
第四节　信托公示问题 ……………………………………… (36)
　　一　信托公示的理论基础 …………………………………… (37)
　　二　信托公示的财产范围 …………………………………… (39)
　　三　信托公示的机构与方式 ………………………………… (41)

四　信托公示的效力 ………………………………………（45）
　　五　结语 ……………………………………………………（46）

第二章　慈善信托的界定与价值 …………………………（48）
第一节　慈善信托的界定 …………………………………（48）
　　一　学界关于慈善信托定义的争议 ………………………（48）
　　二　慈善信托界定的比较法考察 …………………………（51）
　　三　慈善信托的应然界定 …………………………………（55）
第二节　慈善信托的价值 …………………………………（57）
　　一　弥补慈善捐赠的不足 …………………………………（57）
　　二　促进公共利益的实现 …………………………………（59）

第三章　慈善信托的设立制度 ……………………………（60）
第一节　慈善信托的设立方式 ……………………………（60）
　　一　信托合同 ………………………………………………（60）
　　二　信托遗嘱 ………………………………………………（63）
　　三　信托宣言 ………………………………………………（65）
第二节　慈善信托的公募问题 ……………………………（68）
第三节　慈善信托备案的效力 ……………………………（70）

第四章　慈善信托的受托人制度 …………………………（75）
第一节　慈善信托受托人的资质 …………………………（75）
　　一　自然人担任慈善信托的受托人 ………………………（75）
　　二　信托公司担任慈善信托受托人 ………………………（76）
第二节　慈善信托受托人的分别管理义务 ………………（82）
　　一　信托受托人分别管理义务的一般分析 ………………（82）
　　二　慈善信托受托人分别管理义务的完善 ………………（94）
第三节　慈善信托受托人的谨慎投资义务 ………………（96）
　　一　信托受托人谨慎投资义务的一般分析 ………………（96）

二　明确慈善信托受托人的谨慎投资义务…………………(107)
　第四节　慈善信托受托人的公平义务……………………………(109)
　　一　信托受托人公平义务的含义与立法例………………(109)
　　二　慈善信托受托人公平义务的设置……………………(109)
　第五节　慈善信托受托人的信息公开义务………………………(110)
　　一　慈善信托受托人信息公开义务的内涵………………(110)
　　二　其他国家和地区慈善信托受托人信息公开义务的
　　　　考察…………………………………………………(111)
　　三　中国慈善信托受托人信息公开义务的完善…………(112)
　第六节　慈善信托受托人不当处分信托财产的撤销……………(114)
　　一　信托财产不当处分撤销权的法理基础反思与实践
　　　　困惑…………………………………………………(114)
　　二　信托财产不当处分法律效果的比较法考察…………(121)
　　三　中国《信托法》对信托财产不当处分的应然
　　　　态度…………………………………………………(125)
　第七节　慈善信托受托人的民事赔偿责任………………………(130)
　　一　受托人违反信托的民事赔偿责任的性质……………(131)
　　二　受托人违反信托的民事赔偿责任的归责原则………(135)
　　三　受托人过错的认定……………………………………(137)
　　四　受托人违反信托的赔偿范围…………………………(138)
　　五　受托人违反信托的民事赔偿责任的免责事由………(140)

第五章　慈善信托受益人的保护制度……………………………(142)
　第一节　慈善信托监察人制度……………………………………(142)
　　一　中国慈善信托设立信托监察人的实证分析…………(142)
　　二　慈善信托监察人制度的法理基础……………………(147)
　　三　慈善信托监察人的任免………………………………(150)
　　四　慈善信托监察人的权限………………………………(153)
　　五　慈善信托监察人的义务与责任………………………(155)

第二节 慈善信托委托人会议制度 ……………………（158）
  一 建立慈善信托委托人会议制度的必要性 …………（158）
  二 慈善信托委托人会议制度的构建 ……………………（159）

第六章 慈善信托的变更与终止制度 ……………………（161）
第一节 慈善信托的变更 ……………………………………（161）
第二节 慈善信托的终止 ……………………………………（162）
  一 慈善信托的终止事由 …………………………………（162）
  二 慈善信托的终止程序 …………………………………（165）
  三 慈善信托的近似原则 …………………………………（169）

附 录 ………………………………………………………（175）

主要参考文献 ……………………………………………（192）

引　言

中国自古以来就有慈善的传统。孔子"仁者爱人"、孟子"性善"说等,可以说是传统慈善的思想来源。不过,从历史上看,中国传统慈善事业以官办慈善为主导,基层慈善或民间慈善并不发达。据学者研究,基层慈善或民间慈善的大规模出现,是明清之后的事情,这时已经是中国传统社会后期,伴随着市镇商品经济的兴起,绅商阶层开始有足够的经济实力来支撑民间慈善活动。[①]

中华人民共和国成立之后,中国的慈善事业经历了一个曲折的发展过程。改革开放以来,中国慈善事业发展十分迅速。以基金会为例,1981年全国登记在案的基金会只有4个,而至1991年有169个,2001年增加至583个,2011年增长到2585个,到2018年年底更达到7034个。[②] 2001年中国颁布的《信托法》中,设专章对"公益信托"进行了明确规定,以期促进公益事业的发展。然而,由于公益信托的设立条件较为严苛,且缺乏配套的实施制度,导致在实践中中国的公益信托发展缓慢。2008年原银监会发布《中国银监会办公厅关于鼓励信托公司开展公益信托业务支持灾后重建工作的通知》,鼓励信托公司开展公益信托。该通知对《信托法》关于公益信托的规定进行了补充,明确了公益信托受托人和监察人的报酬标准、公益信托财产的投资范围以及公益信托可以进行公开宣传和公开募集。这对于

[①] 周秋光、李华文:《中国慈善的传统与现代转型》,《思想战线》2020年第2期。
[②] 程刚、韩红雨:《2017年中国基金会发展概况》,载杨团《中国慈善发展报告2018》,社会科学文献出版社2018年版,第108页。

促进公益信托的开展具有积极的意义。

习近平总书记指出："慈善事业是惠及社会大众的事业，是社会文明的重要标志，是一种具有广泛群众性的道德实践，慈善事业在促进社会和谐中的作用日益明显。大力发展慈善事业，是调动社会资源解决困难群众生产生活问题的一条重要途径，对于协调各方面的利益关系，促进城乡之间、地区之间、民族之间的和谐发展，促进人与人之间的和谐相处，推动先富帮未富、最终实现共同富裕，具有重大的意义和作用。"2016年3月9日，在第十二届全国人民代表大会第四次会议上，全国人民代表大会常务委员会副委员长李建国所作的《关于〈中华人民共和国慈善法（草案）〉的说明》中指出："改革开放以来特别是近20年来，中国慈善事业发展较快，社会捐赠额从2006年的不足100亿元发展到目前的1000亿元左右。随着慈善事业快速发展，慈善领域也出现了一些新情况、新问题：慈善组织内部治理尚不健全、运作不尽规范，行业自律机制尚未形成，全社会慈善氛围还不够浓厚，有关方面还需要加大支持、促进的力度，等等。这些问题都需要通过制定慈善法加以引导和规范，从而促进慈善事业健康发展。"2016年3月16日第十二届全国人民代表大会第四次会议审议通过的《慈善法》专设"慈善信托"一章，充分体现了信托制度将在中国慈善事业发展中发挥的重要作用。

根据中国《慈善法》的规定，慈善信托属于公益信托，是指委托人基于慈善目的，依法将其财产委托给受托人，由受托人按照委托人意愿以受托人名义进行管理和处分所开展慈善活动的行为。《慈善法》的"慈善信托"一章主要作了以下规定：其一，确定了慈善信托的设立备案制度。设立慈善信托、确定受托人和监察人，应当采取书面形式。受托人应当在慈善信托文件签订之日起7日内，将相关文件向受托人所在地县级以上人民政府民政部门备案。其二，列举了慈善信托的受托人范围。慈善信托的受托人，可以由委托人确定其信赖的慈善组织或者信托公司担任。其三，明确了慈善信托受托人的义务。慈善信托的受托人管理和处分信托财产，应当按照信托目的，恪尽职守，履行诚信、谨慎管理的义务。其四，确立了慈善信托监察人制度。慈善信托的委托人根据需要,可以确定信托监察人。信托监察人对受托人的行为进行监督,依法维护委托人和受益人的权益。至于该法对慈善信托未作规定的事项,适用中国《信托法》的有关规定。由此可见,尽管中国《慈善法》对慈善信托进行了明确规定,但是其内容仍较为简单,尚需要健全相关配套制度。

为规范慈善信托,保护慈善信托当事人的合法权益,促进慈善事业发展,2017年原银监会、民政部联合印发了《慈善信托管理办法》。《慈善信托管理办法》涵盖了总则、慈善信托的设立、慈善信托的备案、慈善信托财产的管理和处分、慈善信托的变更和终止、促进措施、监督管理和信息公开、法律责任、附则等九个方面的内容。《慈善法》和《慈善信托管理办法》的出台,对促进中国慈善信托的发展发挥了重要的作用。据统计,截至2019年12月31日,中国已成功备案慈善信托269单,合同金额规模超过29亿元。[①] 然而,《慈善信托管理办法》仍存在着一些不足之处。例如,有学者指出,对于同为受托人的信托公司和慈善组织,有厚此薄彼之嫌;信托财产公示制度依然阙如;慈善信托的税收优惠政策依然隔靴搔痒;等等。[②] 另外,在学界,关于慈善信托可否以信托宣言方式设立、慈善信托备案的效力如何等问题,尚存在着不同的观点。例如,有的学者认为,设立慈善信托应办理信托备案,未办理信托备案的,慈善信托不能生效;也有学者主张,慈善信托备案仅为确认已设立信托的事实,而不是慈善信托的生效要件。[③] 在此背景下,研究基层慈善视域下慈善信托法律制度具有较强的理论意义与实践价值。

本书共分六章,具体的框架结构和主要内容如下。

第一章分析了慈善信托的信托法基础。慈善信托是信托在慈善领域的运用,因此,有必要首先研究慈善信托的信托法基础。本章首先

---

① 民政部全国慈善信息公开平台,2020年1月1日,http://cishan.chinanpo.gov.cn/biz/ma/csmh/e/csmheindex.html。
② 金锦萍:《慈善信托的规制之道——兼评〈慈善信托管理办法〉》,《中国社会组织》2017年第8期。
③ 中国信托业协会编著:《慈善信托研究》,中国金融出版社2016年版,第89页。

探讨了信托的定义。两大法系关于信托定义的立法例与学说不尽一致，在中国《信托法》上信托的定义各有其特色。其次分析了信托法的强行性与任意性问题，提出了中国信托法规范模式宜按照限制强行性规范、扩张任意性规范的思路并予以重构。最后研究了信托财产权在中国面临的困境及其出路，分析了信托财产权在中国面临的困境及其原因，并提出了信托财产权的中国化设计方案。

第二章阐述了慈善信托的界定与价值。本章首先探讨了慈善信托的界定。在梳理学界关于慈善信托界定的争议和慈善信托界定的立法例的基础上，提出了慈善信托的定义。其次阐述了慈善信托的价值。

第三章研究了慈善信托的设立制度。本章首先分析了慈善信托的设立方式。慈善信托可以以信托合同、信托遗嘱和信托宣言的方式设立。中国对宣言信托应持审慎态度，以允许法人采取信托宣言方式设立慈善信托为宜。其次探讨了慈善信托的公募问题。对此，无论是中国《慈善法》还是《慈善信托管理办法》均未加以明确规定。在理论上和实务中，对该问题存在着争议。作者认为应当允许慈善信托受托人公开募集资金。最后研究了慈善信托备案的效力。信托备案应为慈善信托享受税收优惠的条件，并非慈善信托的生效要件。

第四章研究了慈善信托的受托人制度。慈善信托的运作状况如何、慈善信托的目的能否实现，关键在于受托人。因此，慈善信托的受托人制度是研究的重点和难点问题。本章首先对慈善信托受托人的资质进行了研究。认为应当允许符合一定条件的自然人担任慈善信托的受托人，并对于由信托公司担任慈善信托的受托人具有何种优势，面临哪些障碍，如何合理设计信托公司开展慈善信托的模式进行了分析。然后探讨了慈善信托受托人的分别管理义务。主张确定慈善信托受托人分别管理信托财产的方法时，可针对慈善信托财产类型不同而对慈善信托登记或注册作出相应的规定。接着研究了慈善信托受托人的谨慎投资义务。认为慈善信托受托人如何履行谨慎投资义务，可参考英美信托法加以规定，由民政部制定指引慈善信托受托人谨慎投资的细则。接着探讨了慈善信托受托人的公平义务。主张中国应为慈善信托的受托人设置公平义务，并明确慈善信托受托人公平义务的内容。然后分析了慈善信托受托人的信息公开义务。认为应明确慈善信托受托人信息公开的原则和要求；分阶段设置慈善信托受托人的信息公开义务；细化慈善信托受托人信息公开的方式和内容。接着研究了慈善信托受托人不当处分信托财产的撤销问题。认为受托人对信托财产的不当处分，在性质上是一种特殊的无权处分行为，对这种行为的法律效力另行作出规定为宜。最后研究了慈善信托受托人违反义务的民事赔偿责任，对这种赔偿责任的性质、归责原则、受托人过错的认定以及受托人的赔偿范围等问题进行了探讨。

第五章探讨了慈善信托受益人的保护制度。本章首先研究了慈善信托监察人制度。从慈善信托监察人的设立状况，慈善信托监察人制度的法理基础，慈善信托监察人的任免、权限、义务与责任等方面，对慈善信托监察人制度进行了较全面的研究。然后探讨了慈善信托委托人会议制度。从建立慈善信托委托人会议制度的必要性、慈善信托委托人会议的职权、慈善信托委托人会议的决议等方面，对慈善信托委托人会议制度进行了探讨。

第六章分析了慈善信托的变更与终止制度。慈善信托变更的原因是多方面的，本章重点探讨了慈善信托受托人的变更问题。本章还对慈善信托终止的事由、慈善信托终止的程序、慈善信托的近似原则等问题进行了分析。

第一章　慈善信托的信托法基础

第一节　信托的定义

一　两大法系关于信托定义的立法例与学说

信托是英国历史的产物，也是英国法律中最具特色的内容。英国法律史学家梅特兰（F. A. Maitland）指出："如果有人要问，英国人在法学领域取得的最伟大、最独特的成就是什么，那就是历经百年发展起来的信托理念，我相信再没有比这更好的答案了。"[①] 时至今日，不仅英美法系国家以成文法或判例法的形式确立了信托制度，许多大陆法系国家和地区也制定了信托法。但由于法系的差异性和信托本身的灵活性，给信托下一个令人完全满意的定义却十分困难。

在英国，由于信托的种类十分复杂，加上英国法院对具体案件进行裁判时实行遵循先例的原则，因此，英国的成文法中没有规定信托的定义。英国关于信托的定义是由学者总结出来并在司法实践中得到认可的。目前，为学者们和司法实践中普遍接受的信托定义如下：信托是一项衡平法义务，用以约束一个人（称为受托人）为了他人（称为受益人）的利益来处理在他（受托人）控制下的财产（称为信托财产）。受托人本身也可以是受益人之一，而任何一个受益人都可以强制受托人履行义务。这是英国著名的信托法学者海顿（David

---

[①] 何宝玉：《信托法原理与判例》，中国法制出版社2013年版，第1页。

J. Hayton）对信托的定义。①

在美国，学界和各州关于信托的定义众说纷纭。较有代表性的定义如下：信托是当事人之间的信任关系，一方享有财产所有权，并负有衡平法上的为另一人之利益而管理或处分该项财产的义务。这是美国信托法权威鲍吉特（G. T. Bogert）给信托下的定义。② 由美国法学会编纂的《信托法重述》（第三版）第 2 条对信托的定义为：信托，除回复信托及拟制信托外，是一种关于财产的信赖关系，信托必须具有明确的设立信托的意图，并使拥有财产权的一方负有义务，为公益或一人或数人，但至少其中一人为非单独受托人的利益管理该财产。美国统一州法全国委员会于 2000 年公布、2010 年最新修订的《统一信托法典》（Uniform Trust Code）是美国信托法的首次全国性法典化。该法典旨在向各州提供一部准确、全面、清晰的信托法律问题指南。但这部法典却没有规定信托的定义。

在日本，1922 年制定的《信托法》第 1 条规定："本法所称信托，是指办理财产权的转移或其他处分，使他人遵从一定的目的，对其财产加以管理或处分。"2006 年颁布的新《信托法》第 2 条第 1 款规定："本法所称信托，指以次条各款所载方法，特定人基于一定目的（专为该特定人之利益为目的者，除外。同条均同），为财产管理、处分或其他以达成该目的所必要之行为者。"日本新《信托法》第 2 条关于信托的定义中不以财产转移为必要条件，这是由于引进了宣言信托类型，而宣言信托中没有财产的转移，所以从信托的一般定义中删去了财产的转移。③ 但这并不意味着日本新《信托法》不要求财产的转移。该法第 3 条关于信托的方法中仍规定："与特定人缔结以转移财产、设定担保或为其他处分予该特定人，且该特定人应基于一定的目的，为财产的管理、处分或其他欲达成该目的之必要行为之契约（下称'信托契约'）。""以转移财产、设定担保或为其他处分

---

① David J. Hayton, *Law of Trusts and Trustees*, Butterworths, 1995, p. 4.
② George T. Bogert, *Trusts*, West Publishing Co., 1987, p. 1.
③ ［日］新井诚：《信托法》，刘华译，中国政法大学出版社 2017 年版，第 49 页。

予特定人，且该特定人应基于一定的目的，为财产的管理、处分或其他欲达成该目的之必要行为之遗嘱。"

韩国《信托法》第 1 条第 2 款规定："本法中的信托，是指以信托指定者（以下称'信托人'）与信托接收者（以下称'受托人'）间特别信任的关系为基础，信托人将特定财产转移给受托人，或经过其他手续，请受托人为指定者（以下称'受益人'）的利益或特定的目的，管理和处理其财产的法律关系而言。"中国台湾地区"信托法"第 1 条的规定关于信托的定义与之相似。其规定："称信托者，谓委托人将财产权移转或为其他处分，使受托人依信托本旨，为受益人之利益或为特定之目的，管理或处分信托财产之关系。"

比较上述的信托定义可知，英美的信托定义区分信托财产的普通法上所有权和衡平法上所有权，强调信托受托人的义务。日本《信托法》、韩国《信托法》、中国台湾地区"信托法"对信托的定义侧重于信托财产的转移、信托财产的管理要素。

二 中国《信托法》中信托的定义

中国《信托法》第 2 条规定："本法所称信托，是指委托人基于对受托人的信任，将其财产权委托给受托人，由受托人按委托人的意愿以自己的名义，为受益人的利益或者特定目的，进行管理或者处分的行为。"中国《信托法》对信托所下定义的独特之处，主要在于规定委托人将其财产权"委托"给受托人，而非"转移"给受托人。

有的学者认为，中国《信托法》使用"委托"一词不妥当。因为："委托"多用于行纪和代理关系中，即一方（行纪人或代理人）接受另一方（委托人）的委托，以自己（行纪关系中）或委托人（代理关系中）的名义，为委托人的利益行事。但无论是行纪还是代理，与信托都有本质的区别，即前者均不转移财产的所有权，而且所有权与利益不产生分离，都归属于委托人，而后者须有财产权的转移，而且所有权与利益发生分离，所有权归受托人所有，利益则由受益人享有。"委托"一词非但没有揭示信托的本质属性，而且混淆了信托与行纪、代理等法律关系的界限,是不科学的。 然而,笔者认为,中国《信托法》中使用的"委托"一词是准确和科学的。因为:第一,中国不存在像英美法那样的普通法上的所有权与衡平法上的所有权,倘若委托人将财产权用于信托即转移所有权,恐对委托人十分不利;第二,若委托人将信托财产转移给受托人,受托人便对信托财产拥有所有权,信托财产所生收益应归受托人,但受托人只是依据信托文件管理和处分信托财产,所产生的收益并不归受托人;第三,就"委托"的含义而言,委托只是表明一种内部关系,就其外部关系而言,则可能产生代理、行纪、保管和信托等。因此,不能简单地认为使用"委托"就一定使信托成了委托关系。

尽管中国《信托法》与两大法系国家和地区关于信托的定义有所不同,但均揭示了信托的以下几点内涵:(1)信托以信赖关系为基础。委托人将财产权委托给受托人管理和处分,是基于对受托人的信赖;受托人管理和处分信托财产,是履行信赖义务的表现。(2)信托是一种涉及三方当事人的财产关系。信托包括委托人、受托人和受益人三方当事人,即使在自益信托情形下委托人与受益人为同一人,在宣言信托情形下委托人与受托人为同一人,也只意味着同一人具有两种身份。信托以信托财产为中心,并以当事人的财产权利义务为具体内容。(3)信托财产上的权利与利益相分离。信托作为一种财产管理制度,其载体是信托财产。无论在英美法系国家还是在大陆法系国家,都承认信托财产上的权利与利益相分离、权利主体与利益主体相分离。一方面,受托人可以像真正的财产所有权人那样管理和处分信托财产,并与第三人从事各种交易活动;另一方面,受托人又不能为自己的利益而使用信托财产,不能将信托财产所生的收益归于自己。受托人对信托财产的处分权也受到一定的限制,不包括从物质上毁损信托财产的自由。受托人必须妥善地管理和处分信托财产,并负有将行使信托财产管理处分权所产生的收益交付给委托人指定的受益

---

① 邹颐湘:《从中日信托立法差异的比较论我国信托法的不足》,《江西社会科学》2003年第3期。

人的义务。

由于信托的设立和应用非常有弹性，信托的种类和品种繁多。就信托的种类而言，信托依其成立的原因，可分为意定信托与法定信托。前者是指依当事人的意思表示而成立的信托，其主要表现为依合同或者遗嘱而成立的信托；后者是指依法律的直接规定而成立的信托。依信托的目的不同，可分为私益信托与公益信托。前者是指委托人为了自己或特定的人获取利益而设立的信托；后者是指以公共利益为目的而设立的信托。依受托人是否以信托为营业，可分为民事信托与商事信托。前者是指由除营业受托人以外的主体为受托人的私益信托；后者是指由具有营业受托人的主体担任受托人的私益信托。依信托设立的方式不同，可分为明示信托与默示信托。前者是指由当事人通过明确的意思表示而设立的信托；后者是指委托人虽未明确表示，但可因推定而得知其意思，或者根据法律的作用而推定成立的信托，其又可以再分为依据对委托人意思的推定而成立的回归信托，以及依法律的公平正义原则，以判决方式设立的强制信托。此外，信托依是否集合社会大众的财产，可分为个别信托与集团信托。所谓个别信托，是指受托人接受个别委托人的委托，对特定财产个别予以管理和处分的信托；所谓集团信托，是指受托人接受多数委托人的委托，集合社会大众的资金，而概括地加以管理和处分的信托。

就信托的品种来说，在民事领域有抚养费信托，即以未成年人为受益人，将信托财产的本金或收益作为抚养费而由受托人按期向该人提供为内容的信托；浪费者信托，即以浪费者为受益人（通常指成年人），并以将信托财产的本金作为生活费而由受托人按期向浪费者提供为内容的信托；年金信托，即以自然人为受益人，并以将信托财产的本金和收益作为年金而由受托人按期向该人支付为内容的信托等。①在商事领域，有有价证券信托，即委托人将有价证券交由受托人管理和运用，受托人将取得的收益交付给委托人或者其指定的受益人的信托；贷款信托，即受托人将从社会上众多的出资者处募集的资金作为

---

① 霍玉芬：《信托法要论》，中国政法大学出版社2003年版，第100—101页。

商业贷款基金贷放给第三人,并将由此而取得的利息交付给出资者的信托;表决权信托,即公司两个以上的股东,在一定期间以不可撤回的方式,将其所持有的股份以及法律上的权利包括表决权,转移给受托人,由受托人持有并集中行使股份上的表决权,股东则由受托人处取得载有信托条款与期间的"信托证书",以证明股东对该股份(信托财产)享有受益权(主要包括股利请求权和信托终止时股票返还请求权)的信托;设备信托,即动产设备的制造商、买受人与信托公司之间先订立一个基本合约,然后制造商据此接受买受人的订货制造动产设备,完成后再与信托公司缔结信托契约,以信托公司为受托人,将该动产设备的所有权转移于信托公司,同时领取受益权证书,该受益权证书可以抵押和转让,因此,制造商(委托人兼受益人)可以受益权证书为担保从银行接受相当于设备贷款的资金融通,或者将其转让给第三人以收回贷款等。[1] 此外,信托的品种还有养老金信托,即由企业拿出一部分利润同时定期从雇员工资中扣除一部分作为信托财产,交由受托人(信托机构)予以投资管理,而参与此种信托的员工于到达退休年龄或者丧失工作能力时,由受托人自信托财产中支付养老金的信托;为促进宗教、学术、教育、医学等公益事业而设立的公益信托。

第二节 信托法的强行性与任意性

一 问题的提出

信托法是强行法抑或任意法,也即信托法中哪些规范应是强行性的,哪些规范应是任意性的,这是信托法研究中的重要命题和难点问题,却未被中国学界所关注。在《中华人民共和国信托法》(以下简称"中国《信托法》")中,据笔者统计,"必须""应当""不得"等强行性字眼总共出现47处,这些强行性规范主要分布在信托的设立、受托人的义务和责任、公益信托等方面,而"可以""信托文件

---

[1] 周小明:《信托制度比较法研究》,法律出版社1996年版,第56页。

另有规定的除外""按照信托文件的规定"等任意性字眼总共出现25处，这些任意性规范主要分布在受托人的权利、受益人的权利、信托的变更与终止等领域。以上统计的法律规范因带有明显的语言标识，其强行性或任意性昭然若揭。不过，其合理性存有疑义。例如，中国《信托法》第29条规定："受托人必须将信托财产与其固有财产分别管理、分别记账，并将不同委托人的信托财产分别管理、分别记账。"若受托人从事集合资金信托，这一强行性规范无疑将使之无法进行。此外，中国《信托法》中还有一类法律规范未明确使用强行性或任意性字眼，对其属性的判断则面临困难。比如，中国《信托法》第8条第3款规定："采取信托合同形式设立信托的，信托合同签订时，信托成立。"这是强行性规范还是任意性规范，存在相当的困惑。

鉴于此，笔者拟首先探讨信托法的性质，其次分析信托法强行性与任意性的应然边界，最后对中国信托法规范模式的重构略陈管见，以期对中国信托法的完善有所裨益。

二　信托法的定性：强行法抑或任意法

法律依其适用能否由当事人自由决定为标准，可分为强行法与任意法。所谓强行法，是指不得以当事人的意思排除其适用的法律；所谓任意法，是指得以当事人的意思排除其适用的法律，当事人未排除者，仍具"强行性"而应适用之。[1] 信托法究竟属于强行法抑或任意法，在其他国家和地区学说上存有争议。英美法系传统的观点是将信托法视为财产法的范畴，信托法律关系性质上类似于大陆法系的物权关系，而非契约关系。[2] 据此分析，信托法应属于强行法。但近来美国有学者主张信托是一种合同，信托当事人可以选择适用信托法提供的规则。[3] 由此可知，这一学说认为信托法属于任意法。在中国台湾地区，一种观点认为由于信托法律关系具有对世效力，原则上信托法

---

[1] 王泽鉴：《民法总则》（增订版），中国政法大学出版社2001年版，第49页。
[2] 谢哲胜：《信托法总论》，元照出版有限公司2003年版，第50页。
[3] John H. Langbein, "The Contraction Basis of the Law of Trusts", *Yale Law Journal*, Vol. 105, 1995, p. 640.

应为强行性规定而非任意性规定，简言之，信托法为信托法律关系提供了一套强行性的标准化约款①；另一种观点则主张基于对信托当事人意思的尊重及信托架构之弹性化，以期发挥信托之经济效益，原则上应将信托法定位为任意法。②

从立法上看，英美信托法的任意性较强。以美国为例，其2000年《统一信托法典》在总则及定义编第105条第（a）款规定："除信托条款另有规定者外，受托人之义务及权限、共同受托人间之关系及受益人之权利，依本法典之规定。"据此，该法有关受托人之义务及权限、共同受托人间之关系及受益人之权利等规定，应为任意性规范。此外，该法第105条第（b）款还进一步规定："信托条款另有订立者，优先适用于本法典之规定。但下列各项所规定之事项，不在此限：（1）信托设定之要件；……（14）依第203条及第204条规定，法院所具有之事务管辖权及进行程序之权限。"这表明，除该法明确列举的14项因具有强行法性质，而不得由信托当事人自由决定外，其余的规范均可依信托当事人的意思调整或变更。由此可以得出结论，美国信托法基本上为任意法，仅对少数事项的法律规定，属于强行法。而与此相反，大陆法系信托法则一般具有较强的强行性。如中国台湾地区1996年"信托法"中，据笔者统计，强行性规范共72条，任意性规范仅39条。不过，日本2006年修改《信托法》时，在立法观念和法律规范上发生了一个重大变化，即由强行法转向任意法。③

笔者认为，将信托法纯粹定性为强行法或任意法均有失妥当，信托法宜为强行法与任意法的结合，但以任意法为主。理由如下。

首先，基于尊重信托当事人的意思自由，信托法应以任意法为主。在大陆法系法律体系中，信托法属于私法，且信托应以契约、遗嘱或宣言方式成立，因此，如同其他私法，基于契约自由、遗嘱自由

---

① 王文宇：《新金融法》，元照出版有限公司2003年版，第220页。
② 王志诚：《信托之基本法理》，元照出版有限公司2005年版，第105页。
③ 赵廉慧：《日本信托法修改及其信托观念的发展》，《北方法学》2009年第4期。

等意思自治原则，信托法律关系的内容及其变更与终止原则上应由信托当事人自由决定。由此可见，大陆法系信托法应以任意法为主。英美法中尽管没有公法与私法之分，但在大陆法系属于私法的领域，其也遵循意思自治的原则。① 据此，在英美法系，信托法亦主要为任意法。

其次，从节省信托当事人的交易成本考量，信托法应主要为任意法。就信托法律关系而言，如果任由当事人以凭空想象、闭门造车的方式，逐一写出信托条款，恐会产生专业性不足或内容不完整的结果。即使当事人勉为其难，自行拟出信托条款内容，也将产生大量谈判成本与信息成本。因此，国家应预先设想信托当事人所欲追求的信托条款内容，通过立法制定标准化的信托条款，供信托当事人选择和调整，以节省交易成本。信托法的任意法属性便由此凸显。诚如有学者所言："从经济效率的观点来看，经由当事人自由交易所缔结的契约，乃最具效率且最符合当事人的主观愿望。"②

再次，为平衡信托当事人之间的利益，信托法应具有强行性。在信托法律关系中，由于受托人享有占有和管理或处分信托财产的权利，易发生其利用信息、能力的优势地位违背委托人意愿、损害受益人利益的情形。若全凭信托当事人对信托法律关系进行约定，难免出现对受托人的行为限制不严密、对受益人的利益保护不周全的弊端。因此，为矫正受托人与委托人、受益人之间先天性的不对等关系，保护"弱者"利益，从而体现法的公平价值，信托法对信托法律关系的规定应具有一定的强行性。

最后，出于保护第三人的交易安全和公共利益，信托法应具有强行性。从历史起源上看，信托最初是一种规避法律的设计。信托的这一历史性格至今依然存在于信托概念与构造之中。③ 信托财产的独立性能使信托当事人的债权人无法就信托财产行使任何权利④，即为一

---

① 何勤华、魏琼：《西方民法史》，北京大学出版社2006年版，第398页。
② 王文宇：《新公司与企业法》，中国政法大学出版社2003年版，第404页。
③ 方嘉麟：《信托法之理论与实务》，中国政法大学出版社2004年版，第53页。
④ 何宝玉：《信托法原理研究》，中国政法大学出版社2005年版，第154页。

例。显然，对信托的这一性格若不加以控制，信托就会如脱缰的野马走向极端，从而危及与信托当事人进行交易的第三人的交易安全甚至公共利益，而控制的方法在于信托法的强行性规定。因此，为保护第三人的交易安全和公共利益起见，信托法应具有强行性。

三 信托法强行性与任意性边界的厘定：一个理论分析框架

在信托法的强行性与任意性之间划定一个清晰并永久适用的界限是很难的，因为在不同历史时期、不同经济条件和社会文化环境下，允许与禁止信托当事人的自由之间往往难以遵守一个一成不变的模式。尽管如此，信托法的强行性与任意性之间仍应存在一个相对合理的划分标准。笔者认为，根据信托的类型、信托法规范的种类不同，信托法的强制性与任意性应各不相同。

（一）信托的类型不同，其法律规范的强行性与任意性有所不同

信托依其目的是否具有公益性，可分为公益信托与私益信托。信托法也通常区分这两种不同类型而对信托进行规范。① 公益信托是指以慈善、文化、学术、技艺、宗教、祭祀或其他公共利益为目的的信托；私益信托则是指公益信托以外的其他信托。②

公益信托法律规范原则上应为强行性规范，而私益信托法律规范原则上应为任意性规范。这是因为：

第一，公益信托涉及公共利益，委托人可能人数众多，受益人则为不特定的社会公众，因此，公益信托的设立和运作状况对社会影响重大，需要信托法的强行介入，以免出现损害社会公众利益的情形。例如，中国台湾地区"信托法"第70条规定："公益信托之设立及其受托人，应经目的事业主管机关之许可。"此条即对公益信托的设立作了强行性规定。而私益信托不以公共利益为目的，委托人、受益人人数一般较少且已确定，故而，私益信托法律关系原则上应由信

---

① 参见英国《受托人法》、美国《统一信托法典》、日本《信托法》、韩国《信托法》和中国台湾地区"信托法"。
② 赖源河、王志诚：《现代信托法论》（增订三版），中国政法大学出版社2002年版，第38页。

当事人意思自治。

第二，对公益信托，各国大多实施了税收优惠政策，这种优惠待遇是以国家财政收入作为支撑的，而私益信托则未享受这种特殊待遇。基于此，国家通过法律的强行性规定对公益信托的控制和监督应甚于私益信托。①

第三，从成本效益的观点分析，因公益信托的受益人为不特定多数人，牵涉信托法律关系者众多，如要所有利害关系人参与协商以排除信托法的规定，不仅成本过高，且实际上也不可能。因此，信托法自不应鼓励此种成本极高的排除做法，立法政策上应将公益信托的规定，原则上定位为强行性规范为妥。

（二）信托法规范的种类不同，其强行性与任意性存在差异

根据信托法调整的内容不同，信托法规范可分为信托的成立与生效规范、信托的变更与终止规范、信托的效力规范。② 信托的成立与生效规范原则上为强行性规范，信托的变更与终止规范和信托的对内效力规范原则上为任意性规范，而信托的对外效力规范宜为强行性规范。具体分析如下。

1. 信托的成立与生效规范原则上应为强行性规范

信托的成立与生效规范原则上应为强行性规范，其原因有如下几方面。

首先，信托的成立方式十分丰富，有依委托人的意思表示而成立者，称为明示信托；有依法律直接规定而成立者，称为法定信托；还有依法院推定和拟制而成立者，则称为默示信托。③ 此外，明示信托又可依契约、遗嘱或宣言方式成立。由于在不同的信托成立方式下，信托的成立要件不同，若由当事人自由排除适用，恐生损害第三人权益的弊端。例如，在宣言信托，委托人为他人利益可就特定财产宣告自己为受托人。因信托财产具有独立性而处于委托人的债权人追及范围

---

① 金锦萍：《公益信托法律制度研究》，博士后研究报告，中国社会科学院法学研究所，2006 年，第 26 页。
② 方嘉麟：《信托法之理论与实务》，中国政法大学出版社 2004 年版，第 159 页。
③ 周小明：《信托制度比较法研究》，法律出版社 1996 年版，第 5 页。

第一章 慈善信托的信托法基础

之外，若信托法未对信托成立方式作出强行性规定而由当事人自行选择适用，这极易导致委托人利用宣言信托之名，行诈害债权人之实。

其次，与信托的成立方式相对应，信托的成立要件极其多样。在契约信托下，委托人与受托人订立信托契约后，委托人尚需将财产权转移至受托人，信托方能成立；依遗嘱成立信托的，遗嘱生效后信托财产转移至受托人时，信托即告成立；而法定信托和默示信托甚至无须委托人的意思表示这一要件，直接由法律规定或法院推定等成立。① 如由信托当事人任意选择信托的成立要件，势必造成信托与其他法律行为相混淆，信托的特质便无法显现。例如，在契约信托中，若当事人约定委托人不转移财产权至受托人，这将使得信托难以与委托、行纪等相区分。

最后，信托的生效不同于信托的成立，已成立的信托须符合生效要件才具有法律上的效力。这些生效要件一般包括以下四个方面：委托人和受托人有相应的行为能力，受益人可以确定；意思表示无瑕疵；信托财产是委托人可以处分的财产，且可以确定；信托目的合法、可能、确定。② 信托生效要件是法律对信托的价值判断，必须由信托法作出强行规定，始能约束和指引当事人的行为。否则，难免滋生有害于第三人权益和公共利益之事。此外，关于信托的成立时间与生效时间，除公益信托外，因其不会造成信托当事人之间的不公平、也不关涉第三人权益和公共利益，信托法不必作出强行性规定，宜允许信托当事人自由决定。

2. 信托的变更与终止规范原则上为任意性规范

信托的变更与终止规范原则上为任意性规范，理由有如下几方面。

其一，信托生效后，因情势变更或出现当事人设立信托时未能预见的情形，信托的变更在所难免。原则上信托财产的管理方法以及受托人、受益人等事项的变更应依信托当事人的意思决定，法律不必作

---

① 王志诚：《信托法》（增订三版），五南图书出版股份有限公司2006年版，第68—69页。

② 谢哲胜：《信托法总论》，元照出版有限公司2003年版，第103—109页。

出强行性规定。但为保护受益人的利益和公共利益，变更信托的权限属于法院或行政主管机关的，则这类规范应为强行性规定，不得由当事人排除适用。例如，中国台湾地区"信托法"第 16 条规定："信托财产之管理方法因情势变更致使不符合受益人之利益时，委托人、受益人或受托人得声请法院变更之。"即为强行性规范。

其二，为尊重信托当事人的意思，信托终止的事由以及信托终止后信托财产的归属原则上应由信托当事人自由决定。但若信托的存续违反信托的成立要件或生效要件，如信托目的变成不合法、受托人成为唯一的受益人、受益人受让全部信托财产等，信托自应终止，不得由信托当事人自由决定信托的存续。此外，对公益信托而言，若信托的终止规范为任意性规范，恐不利于公共利益的保护，因此，对公益信托的终止，法律宜设置强行性规范。

3. 信托的对内效力规范应以任意性规范为主

信托的对内效力规范应以任意性规范为主，原因有如下几方面。

第一，信托一旦生效，委托人对信托财产即不再享有任何权利。为给受托人提供管理信托财产的自由空间，委托人不宜过度干涉信托事务的处理。因此，信托法关于委托人权利的规范宜为任意性规范。在英美信托法下，除非委托人在信托文件中保留变更信托条款、对信托管理的指示等权利，否则信托生效后其不再对信托事务的执行有任何干预权利[①]，即将委托人的权利确定为任意性规范。

第二，信托功能的发挥，固然需要使受托人就信托财产的管理享有自由裁量权，但受托人与受益人之间存在明显有时甚至激烈的利害冲突，也是一个无法回避的事实。因此，对受托人的权利予以限定是必要的。此种限定因仅涉及信托当事人之间的利益，原则上应由信托当事人自由决定，除非会产生对信托当事人不公平的结果，从而需要信托法作出强行性规定。例如，受托人因管理信托财产不当，而致信托财产受损害时，在其未填补信托财产所受损害或恢复信托财产原状前，应不得请求给付报酬，否则对受益人过于不公。因此，中国台湾

---

① 张淳：《信托法原论》，南京大学出版社 1994 年版，第 172 页。

第一章 慈善信托的信托法基础

地区"信托法"第44条作了强行性规定,即"前5条所定受托人之权利,受托人非履行第23条或第24条第3项所定损害赔偿、回复原状或返还利益之义务,不得行使。"

第三,信托是为受益人的利益而设定,因此,受托人因信托法律关系的产生而应对受益人负有义务。除受托人所负保存信托事务处理记录义务和信托事务处理报告义务,因涉及受益人基本权益的保护问题,不应由信托当事人减轻或免除外,其他义务如注意义务、分别管理义务、自己管理义务等,为追求信托架构的弹性化及效率化,宜允许信托当事人调整或变更。考察美国信托法制的发展,通常在委托人设定信托的目的范围内,许可信托当事人调整或变更受托人的义务。[1] 1994年美国统一州法委员会通过的《统一谨慎投资人法》(*Uniform Prudent Investor Act*)除第1条第(b)项明文揭示《统一谨慎投资人法》为任意法外,第1条第(a)项规定就受托人从事投资时应尽的各种义务,受托人均可以信托行为另行规定。此外,依美国《统一信托法典》第八章"受托人之义务与权限"的规定,除资讯提供及计算报告义务为强行法规范外,受托人所负其他义务,并非不得由信托当事人调整或变更。[2] 日本2006年修改《信托法》后,受托人义务亦主要为任意性规范。除第36条"信托事务处理状况的报告义务"、第37条"备置账簿等、报告及保存义务"属于强行法规范外,其余义务均可由信托行为另行规定。[3]

第四,受益人的权利,除信托事务处理记录查阅权、对受托人处分行为的撤销权、强制执行信托财产的异议权以及损害赔偿或恢复原状请求权等,因关系信托作为重要财产管理制度的核心价值即受益人利益得到更大保障的实现,应作强行性规定外,其他权利如受托人辞任的同意权、信托财产管理方法调整请求权等,应容许信托当事人以信托行为调整或变更。这不仅有助于受托人接受信托,以促进信托当

---

[1] Edward C. Halbach, "Uniform Acts, Restatements, and Trends in American Trust Law at Century's End", *California Law Review*, Vol. 88, 2000, p. 1881.
[2] 张军建:《信托法基础理论研究》,中国财政经济出版社2009年版,第335—341页。
[3] 周小明:《信托制度比较法研究》,法律出版社1996年版,第14页。

事人成立信托的可能性，而且有利于激发受托人的创新热情，从而提高信托财产管理的效率。

4. 信托的对外效力规范宜为强行性规范

信托生效后，信托财产即成为一项独立财产，仅服从于信托目的。信托财产的独立性产生了以下重要的法律后果：委托人、受托人以及受益人三者任何一方的债权人都无法主张以信托财产偿债；受托人处理信托事务所生的损失，除非是由受托人失职所造成，否则应由信托财产本身承担。① 由此观之，一项财产上是否设立了信托法律关系，对信托当事人的债权人利益影响攸关，若法律不对信托的对外效力作出强行性规定，使信托当事人以外的第三人预知某项财产上设立信托法律关系的法律后果，而任由信托当事人自由决定，则不利于债权人利益的保护。此外，信托的对外效力也是信托区别于其他财产管理方式的重要特征，一旦任由信托当事人任意松动或变更，恐丧失信托的基本要素，因此，其宜属于强行法规范。例如，美国《统一信托法典》第1010条第（b）项规定："受托人于管理运用信托财产过程所生的侵权行为，或因信托财产所有或控制所生义务有关而负的责任，包括违反环境法的责任，如受托人有过失时，其个人应负责任。"日本《信托法》第14条规定："对不登记或不注册就无法以权利的得失或变更对抗第三人的财产，不履行信托登记或注册的，不得以该财产为信托财产对抗第三人。"这些规定均为强行性规范。

综上所述，在厘定信托法强行性与任意性的边界时，可以考虑依信托的类型和信托法规范的种类不同而作出区分。即调整私益信托的成立与生效规范原则上为强行性规范，其变更与终止规范和对内效力规范原则上为任意性规范，而其对外效力规范宜为强行性规范；调整公益信托的成立与生效规范、变更与终止规范以及对外效力规范应为强行性规范，而其对内效力规范宜以任意性规范为主。

---

① 王志诚：《信托法》（增订三版），五南图书出版股份有限公司2006年版，第68—69页。

四 中国信托法规范模式的重构：强行性规范的限制与任意性规范的扩张

继日本、韩国和中国台湾地区等引进英美信托制度后，中国大陆也于 2001 年颁布了《中华人民共和国信托法》。从中国《信托法》的制定过程来看，这部法律在观念上从一开始便是重管制轻自由的。据立法者解释，制定信托法的指导思想是"结合中国信托业的现状，借鉴国际上通行的做法，用法律的手段规范信托行为，保护信托当事人的合法权益，强化对信托业的监督管理，促进信托业健康、规范发展"①。因此，中国《信托法》以强行性规范为主、任意性规范为辅便不足为奇了。

除《信托法》外，中国还另行制定了专门调整信托公司的法律规范，即《信托公司管理办法》和《信托公司集合资金信托计划管理办法》②，这三个法律文件合称为调整信托关系的"一法两规"。由"两规"的名称即可知，有关信托公司的法律规范主要为强行法。考察其内容，也确实如此。以《信托公司管理办法》为例，在总共 66 个条文中，仅 3 处规定"可以依照信托文件的约定""信托文件另有约定的除外"③，而其余法律规范均使用"应当""必须""不得"等强行法词语。而且，其有的法律规范与《信托法》中的规范相互矛盾。如《信托公司管理办法》第 27 条规定："信托公司对委托人、受益人以及处理信托事务的情况和资料负有依法保密的义务，但法律法规另有规定或者信托文件另有约定的除外。"此为任意性规范；而《信托法》第 33 条第 2 款则规定"受托人对委托人、受益人以及处理信托事务的情况和资料负有依法保密的义务"。此又为强行性规范。

但令人遗憾的是，立法者的预期目标似乎并未真正实现。一方

---

① 参见张绪武《关于〈中华人民共和国信托法（草案）〉的说明》，载全国人大《信托法》起草工作组《〈中华人民共和国信托法〉释义》，中国金融出版社 2001 年版，第 171 页。

② 这两件部门规章原为中国人民银行 2002 年所颁布的《信托投资公司管理办法》和《信托投资公司资金信托管理暂行办法》，2007 年经中国银行业监督管理委员会修改后更名为此。

③ 参见《信托公司管理办法》第 19 条、第 26 条、第 27 条。

面，信托的应用空间十分狭小，主要集中在信托公司的资金信托活动，在民事领域和公益领域尚未得到展开。这固然与中国既有的法律传统中尚无信托观念，民众对信托非常陌生有关，然而不可否认，信托法过度的强行性，阻碍了信托的弹性化和效率化，使不少人望而却步，也是重要原因之一。另一方面，信托公司不仅不具备自身的行业优势，反而举步维艰。这似乎有点令人不可理解，但事实便是如此。造成这种状况绝不仅仅是信托公司自身的问题，实有必要对信托法规范进行反思。过多的强行性规范，在一定程度上束缚了信托公司的创新热情，从而制约了信托功能的发挥。

有鉴于此，笔者认为，中国信托法规范模式宜按照限制强行性规范、扩张任意性规范的思路予以重构。依前述信托法强行性与任意性的边界厘定标准，中国信托法的强行性规范与任意性规范可作以下调整。

第一，将私益信托的成立时间和生效时间规范，由强行性规范修改为任意性规范。在《信托法》第8条第3款关于信托成立时间的规定之后，增设"信托文件另有规定的除外"；于该法第10条关于信托的生效要件之后，补充"信托当事人可以对信托的生效附条件或期限"。

第二，将信托的对内效力规范，由以强行性规范为主转变为以任意性规范为主。具体而言：首先，对委托人的权利，《信托法》第20条至第23条分别作了规定，包括知情权、撤销权、受托人解任权、要求调整信托财产管理方法权等，宜允许信托当事人自由决定。即在这些条文之后，可规定"信托文件另有规定的除外"。其次，对受托人的义务，《信托法》第25条至第34条进行了规定，有谨慎义务、忠实义务、分别管理义务、自己管理义务、保存记录义务、报告义务和保密义务等。这些义务除第33条第1款、第2款所规定的保存处理信托事务的记录和报告信托事务的处理情况义务应为强行性规范外，其余的义务均可由信托文件另行约定。最后，对受益人的权利，《信托法》第17条、第44条至第49条作了规定，包括强制执行信托财产的异议权、受益权、信托财产的归属权、对有关事务的决定权、对受托人处分行为的撤销权、知情权和监督权等。除第17条规定的强制执行信托财产的异议权和第49条规定的信托事务处理记录查阅权、对受托人处分行为的撤销权以及损害赔偿或恢复原状请求权属于强行性规范之外，其他权利的规定宜为任意性规范，即可在相关条文之后增加"信托文件另有规定的除外"。

第三，就信托的变更与终止规范而言，应将有关公益信托变更和终止的任意性规范修改为强行性规范。《信托法》第69条规定公益事业管理机构在公益信托成立后发生设立信托时不能预见的情形时，可以变更信托文件的内容。宜将"可以"修改为"应当"，使之成为强行性规范。另外，该法第68条规定公益信托的受托人违反信托义务或无能力履行其职责的，由公益事业管理机构变更受托人。宜将"由"修改为"应当由"，以明确这一规范属于强行法规范的性质。

此外，对《信托公司管理办法》和《信托公司集合资金信托计划管理办法》中的相关规范亦从上述方面加以相应调整，此处不再赘述。

信托法强行性与任意性的界定，究其实质，为信托法对安全与效率价值的平衡问题。信托法的强行性规范多了，安全相对有保障，但立法者难以预见信托财产管理的所有情形，从而可能牺牲效率；信托法的任意性规范多了，当事人可意思自治，这样有助于激发其管理信托财产的积极性并取得较好的效率，但可能危及安全。不过，信托法上安全与效率价值又是统一的，强行性规范与任意性规范均旨在维持信托关系的良好秩序、促进信托活动的健康开展。也许可以引用美国学者 John C. Coffee, Jr. 关于公司法强行性与任意性的论述来对此加以说明："若从美国公司法主要由任意性规范或主要由强制性规范构成的角度观察，如同观察盛了半杯水的水杯一样，只是半空和半满的区别而已。"[1]

---

[1] John C. Coffee, Jr., "The Mandatory/Enabling Balance in Corporate Law: An Essay on the Judicial Role", *Columbia Law Review*, Vol. 89, 1989, p. 1618.

第三节　信托财产权在中国面临的困境及其出路

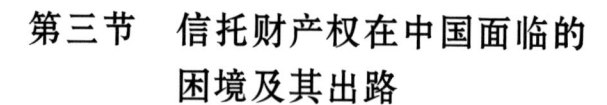

在信托法律关系中,受托人和受益人对信托财产所分别享有的权利,被称为信托财产权。在英美法系信托法中,受托人享有普通法上的所有权,而受益人享有衡平法上的所有权,形成了独具特色的信托财产双重所有权制度。由于信托在财产管理、资金融通、投资理财和社会公益等方面具有突出的功能,继大陆法系的日本、韩国等国家和地区引进信托制度后,中国也于2001年颁布了《信托法》。但中国《信托法》对信托财产所有权的归属和受益权的性质未作明确规定,以致引发了学界关于信托财产权的争论,至今尚未达成共识。源自于英美法系的信托财产权难道果真与中国的财产法格格不入?造成这种情形的原因是什么?信托财产权在中国的出路又何在?笔者拟对此进行探讨。

一　信托财产权在中国面临的困境

(一)信托财产所有权的归属不明确

中国的所有权制度属于大陆法系的财产法体系,所有权具有单一性的特点。英美法系信托法中普通法上的所有权、衡平法上的所有权与中国的所有权制度格格不入,无法与中国现有的财产权体系相契合。因此,引进英美信托制度首先需要解决的问题应是信托财产所有权的归属问题。[①] 然而,中国《信托法》对此采取了回避的态度,并没有规定信托财产所有权归谁享有。该法第2条规定:"本法所称信托,是指委托人基于对受托人的信任,将其财产权委托给受托人,由受托人按委托人的意愿以自己的名义,为受益人的利益或者特定目的,进行管理或者处分的行为。"从这一规定可以看出,委托人应将

---

① 由于以债权、知识产权等设立信托的,不涉及信托财产的所有权归属问题,因此,未将其纳入研究范围。

财产权"委托给"受托人，而非"转移给"受托人。那么，信托财产的所有权究竟归属于委托人，还是归属于受托人或者受益人，从该法的规定中不得而知，也未见相关立法解释或司法解释对此加以说明。目前，学界关于信托财产所有权的归属众说纷纭、莫衷一是。有学者认为，信托财产的所有权归属于委托人①；也有学者认为，受托人享有信托财产的单一所有权②；还有学者认为，信托财产的所有权由受益人享有③；更有学者认为，在大陆法系传统的物权体系中无法解决信托财产的所有权问题，只有对物权制度进行重构，才能恰当解释信托财产的所有权归属。④

据悉，立法者之所以未对信托财产的所有权归属作出明确规定，是因为引进信托制度必须考虑中国的社会、经济、文化背景，使信托制度便于人们理解和接受，更好地发挥信托的作用。如果规定委托人一旦将财产交付信托，即丧失对该财产的所有权，会使受托人的权利过大，一些人接受起来颇费思量。⑤但是，中国《信托法》的这种回避态度导致了十分严重的后果，不仅在理论上使得信托财产的所有权问题悬而未决，而且在实践中造成了操作上的困难，例如，委托人以不动产设立信托时，是否应办理信托财产所有权的转移登记等。

（二）受益权的性质模糊不清

在英美法系信托法中，受益人对信托财产享有衡平法上的所有权。中国引进信托制度后，将受益人的权利称为"受益权"。中国《信托法》第43条明确规定："受益人是在信托中享有信托受益权的人。"但对何为受益权，该法却没有予以界定。众所周知，在中国现

---

① 张淳：《我国信托财产所有权归属的态度及其法理审视》，《甘肃政法学院学报》2007年第9期。

② 于海涌：《论英美信托财产双重所有权在中国的本土化》，《现代法学》2010年第3期。

③ 温世扬、冯兴俊：《论信托财产所有权》，《武汉大学学报》（哲学社会科学版）2005年第2期。

④ 胡吕银：《信托制度在大陆法的命运》，《社会科学战线》2005年第6期。

⑤ 卞耀武主编：《中华人民共和国信托法释义》，法律出版社2002年版，第3—4页。

有的财产权体系中,并不存在受益权这种民事权利。这样,受益权的性质便成了中国《信托法》中又一个十分重要却模糊不清的问题。在学界,关于受益权的性质观点纷呈、未成定论。有学者认为,受益权是受领和请求受托人的特定行为的权利,属于债权,其所含监督、异议、知情、撤销等权能,均不得直接对标的物占有、使用、收益和处分,实为债权之救济权利、派生权利①;也有学者认为,衡平法上的所有权就是真正的所有权,受益权是受益人的所有权②;还有学者认为,受益权难以完全纳入物权或债权的范畴,它是一种特殊的权利,其内容及行使均适用信托法的特别规定。③

二 信托财产权在中国面临困境的原因

(一) 英美信托财产权具有地产权的特性

在英美法系的财产法中,不存在与大陆法系相同的所有权概念。劳森与拉登认为,"起初,在英国法的专业性文献,即诸如法规和判例报告之类的官方文件中,'所有权'一词是不常用的。而且,在制定法中偶然使用的'所有人'一词已被赋予了若干不同的含义,有时甚至在不同的条款中对它的定义也是不同的"④。科贝利也曾这样评价过英美法系的所有权概念,"有趣的是我们可以不提到所有权而讨论财产权的法律问题"⑤。与大陆法系的所有权概念地位相当,在英美法系的财产法中长期占有重要地位的是"地产权"这一概念。在英国,自1066年诺曼征服以来,只有国王一人是土地所有人,其余都是土地保有人,而国王只占有和使用一小部分土地,大部分土地实际上归土地保有人占有和使用。由于这种特殊的历史背景,地产权

---

① 李锡鹤:《论法律上的归属》,载易继明主编《私法》(第5辑第1卷),北京大学出版社2005年版,第160页。

② 温世扬、冯兴俊:《论信托财产所有权》,《武汉大学学报》(哲学社会科学版) 2005年第2期。

③ 何宝玉:《信托法原理研究》,中国政法大学出版社2005年版,第169页。

④ [英] F. H. 劳森、B. 拉登:《财产法》(第二版),施天涛等译,中国大百科全书出版社1998年版,第113页。

⑤ 李进之等:《美国财产法》,法律出版社1998年版,第8页。

第一章　慈善信托的信托法基础

概念被创造出来，用以表示土地保有人对土地享有的具体权利。地产权没有所有权概念那样抽象，不存在一个框框束缚，是一个具体的、可量化的概念。在地产权制度下，人们既可以在地产权上即席设置一项财产权利，也可以根据实际需要按时间与权能进行权利分割，对财产的利用更加自由和灵活。①

英美信托财产权正是以地产权为基础发展而来的，具有地产权的特性。从英美信托财产权的起源来看，可追溯至用益制时期地产权人分割地产权的"法律创造"。大约从13世纪开始，英国部分地产权人为规避封建赋税和当时法律对土地捐赠给教会的限制，采用了将土地转移给自己信任的亲朋好友占有、管理，而将由此产生的收益交给亲属或教会的用益设计。由于用益设计规避法律的特性，在13世纪至15世纪200年间，它并不为普通法院所承认。依据普通法，受托人对地产拥有财产权，他是否依照约定将地产或其收益交付给受益人，全凭其个人意愿，而受益人则不享有任何权利。这对受益人十分不利。15世纪衡平法院介入后，受益人对地产享有了衡平法上的财产权，而受让人原来享有的普通法上的地产权也变成了一种具有衡平法义务的财产权。其后，1535年亨利八世颁布《用益法》，旨在取消现实中盛行的用益设计，让受益人成为普通法上的地产权人，承担封建赋税。但衡平法院的再次介入，创立了信托概念，使信托事实上成为原来用益制的替代物并且不受《用益法》的调整。原来用益制下的双重财产权也便演化成信托制下受托人与受益人的双重财产权。1925年英国以《财产法》废除了《用益法》，用益与信托的区别不再存在而完全统一于信托概念之中。现代信托制度中受托人与受益人的双重财产权由此得以最终确立。

英美信托双重财产权通常被国内法学界译为"双重所有权"②。这种译法在中文名称上虽然与大陆法系所有权概念相同，但具体含义

---

① 李培锋：《英美信托财产权难以融入大陆法物权体系的根源》，《环球法律评论》2009年第5期。

② 周小明：《信托制度比较法研究》，法律出版社1996年版，第28页。

基层慈善视域下慈善信托法律制度研究

却有很大差别。英美信托财产的"双重所有权",与地产权的含义一脉相承,具有地产权的可量化、可分割的特性,与大陆法系所有权的绝对性、排他性的属性迥然不同。可见,如果用大陆法系所有权的概念来说明英美信托财产"双重所有权",结果必将吃力不讨好,正像英语与德语或法语的单词或词组不可能一一对译一样。正是由于英美信托财产权的这种地产权特性,决定了中国引入信托制度后难以对信托财产的所有权归属进行合理解释。

(二)中国传统物权理论与债权理论存在误区

按照中国物权理论的通说,所有权具有占有、使用、收益和处分四项权能,这些权能可以通过设定他物权而与所有权相分离,当他物权消灭时,所有权便恢复其圆满状态;作为他物权的一种,用益物权是指对他人所有的物,在一定范围内加以占有、使用、收益的权利。① 这种理论指出了处分权能是所有权的权能之一,但没有明确用益物权也具有处分权能。处分权能是指依法对物进行处置,从而决定物的命运的权能。处分包括事实上的处分和法律上的处分两种形式。前者是指在生产或生活中使物的物质形态发生变更或消灭;后者是指依照权利人的意志通过某种法律行为对物进行处置。② 一般而言,处分权能由所有权人行使,但并非只有所有权人才能行使处分权能,用益物权人为了发挥物的使用价值或满足自己融资的需要,依法行使对物的处分权能的情况也较普遍。例如,土地承包经营权人依法将土地承包经营权转让给他人、建设用地使用权人依法以建设用地使用权设立抵押等,均为用益物权人行使处分权能的方式。不过,与所有权人对所有物具有自由的处分权不同,用益物权人对他人所有物的处分权受到了一定的限制。如土地承包经营权人依法转让土地承包经营权的,转让的期限不能超过土地承包期的剩余期限,不得用于非农建设等。正是由于中国传统物权理论对所有权和用益物权的解释存在着上述误区,使得我们面对信托法律关系中受托人的权利时难以自圆其说。若将受

---

① 梁慧星、陈华彬:《物权法》(第4版),法律出版社2007年版,第112、256页。
② 马俊驹、余延满:《民法原论》(上),法律出版社1998年版,第391页。

托人的权利定性为所有权，则受托人虽然具有占有、使用信托财产的权利，但在信托期间不享有信托财产所产生的利益，在信托终止后信托财产也不归属于受托人，这与所有权的概念显然不符。若拿用益物权的概念来说明受托人的权利，则受托人具有处分信托财产的权利又不符合传统物权理论对用益物权所作的解释。

另外，中国传统债权理论认为，债权是请求权，即债权人请求债务人为一定给付的权利。[①] 这种理论将债权等同于请求权实属不当。民事权利依其作用不同，可分为支配权、请求权、抗辩权、形成权。其中，请求权是指请求他人为一定行为或不为一定行为的权利。[②] 而债权是与物权、人身权、知识产权相对应的民事权利，这些权利系按照民事权利的内容对其进行的分类。债权的内容包含请求权，即当债务人不履行债务时，债权人有权请求其履行，但债权还具有其他的内容，如给付受领权、处分权等，而这些内容均不属于请求权的范畴。基于债权可以产生请求权，基于物权、人身权或知识产权，也可以产生请求权。例如，物权人对物的圆满支配状态受到妨碍或有妨碍之虞时，其享有物权请求权。因此，认为债权是请求权的理论并不合理。正是基于债权是请求权的传统理论，不少学者在解释信托法律关系中受益人的权利时，便根据受益人具有请求受托人支付信托利益的权利，而认为受益权的性质为债权。然而，受益权的内容随信托财产构成物的变动而发生变动，以及信托终止时，除非信托文件另有规定，信托财产应归属于受益人[③]等，都使得受益权无法用债权来加以解释。但若将受益权解释为所有权或其他民事权利，则依据传统债权理论，受益人请求受托人支付信托利益的权利理应属于债权的范畴。面对这种困境，难怪有学者主张受益权无法用物权或债权进行解释，它属于一种独立的民事权利。[④]

---

① 江平主编：《民法学》，中国政法大学出版社2007年版，第443页。
② 马俊驹、余延满：《民法原论》（上），法律出版社1998年版，第83页。
③ 参见中国《信托法》第14条、第54条。
④ 何宝玉：《信托法原理研究》，中国政法大学出版社2005年版，第169页。

三 信托财产权在中国的出路

(一) 大陆法系国家或地区对信托财产权的本土化及其评析

探讨信托财产权在中国的本土化设计之前，有必要从比较法的角度出发，考察大陆法系国家或地区在引进英美信托制度时是如何对信托财产权进行本土化的，这样可以为我们研究信托财产权在中国的出路所参考。在大陆法系国家或地区，对信托财产权的本土化有以下三种方案。

第一种方案是由受托人享有信托财产的所有权，而受益人对受托人享有债权。这是日本、韩国和中国台湾地区所采取的方案。日本《信托法》第1条、韩国《信托法》第1条以及中国台湾地区"信托法"第1条均将信托定义为"委托人将其财产权转移于受托人并使之依信托本旨为受益人的利益或特定目的，管理或处分信托财产的关系"。在这些国家和地区，委托人将其财产权转移给受托人，是指"发生财产权的直接变动"[①]，而财产权在内容上又包括所有权，因此，这些国家和地区的信托法实际上赋予了受托人对信托财产的所有权。而关于受益人的受益权，这些国家和地区的信托法均将其作为债权加以规定。例如，日本《信托法》第31条、韩国《信托法》第52条以及中国台湾地区"信托法"第18条均规定"受托人违反信托本旨处分信托财产时，受益人有权请求法院撤销其处分"，这是遵循民法中债权人对有害债权行为的撤销模式[②]；日本《信托法》第19条、韩国《信托法》第32条和中国台湾地区"信托法"第30条都规定了"受托人因信托行为对受益人所负担的债务，仅于信托财产限度内负履行责任"，从这一规定可以看出，既然受托人对受益人负有债务，那么受益人当然对受托人享有债权。

第二种方案是信托财产不属于任何人，但受托人和受益人均对信

[①] 赖源河、王志诚：《现代信托法论》（增订三版），中国政法大学出版社2002年版，第25页。

[②] 周小明：《信托制度比较法研究》，法律出版社1996年版，第176页。

托财产享有权利。这种方案为加拿大魁北克省所采纳。《加拿大魁北克省民法典》第四卷第六编第二章之名称即为"信托",存在于其中的该法典第1260条规定信托系由委托人通过转移财产权的行为设立且信托财产系由受托人占有与管理。在此基础上该法典第1261条却规定:"信托财产由在设立信托时被转移而来的财产权和由他人提供的财产所组成,该项财产构成独立的,与委托人、受托人或者受益人的财产相区别的财产,这些人中的任何人对该项财产都并不享有任何物权。"① 加拿大魁北克省属于大陆法系地区,其民法典上的物权类型包括所有权和他物权。② 根据上述规定,信托财产不属于任何人,委托人、受托人或受益人对信托财产均不享有所有权或他物权。但另外,《加拿大魁北克省民法典》又认为受托人和受益人均对信托财产享有个人权利。③

第三种方案是仅确定受益人享有信托财产的所有权。意大利关于信托的判例所采取的便是这一方案。在 Piecy v. ETFAS 案中,一位英国公民在遗嘱中以其妻子为受托人之一设立了一项信托,该遗嘱要求受托人将其遗产全部出售并将所得款项进行投资,还规定对于此项信托的受益权由该公民的三个子女作为受益人各按三分之一的份额享有。为该遗嘱处分的该公民的一项遗产为位于意大利某地的一块农地,当地政府认为那块农地在该公民死亡后已归其妻子个人所有且依据当地的一项法令应当没收其中超过该法令允许由个人所有的部分以出售给当地的农民,于是便下达了相应的没收命令。该公民的三个子女以当地政府为被告向意大利某法院起诉,要求宣告该项命令无效,理由是该公民的妻子仅为受托人而并非那块农地的所有人。该法院认为基于意大利有关法律规定的精神应当将信托的受益人视为信托财产的所有人,从这一认识出发,其判决确认那块农地的所有权由该公民的三个子女享有,并要求当地政府按照每一个子女对该农地享有的所

---

① 张淳:《论由受托人享有的信托财产所有权》,《江海学刊》2007年第5期。
② 徐国栋:《魁北克民法典的世界》,《中外法学》2005年第3期。
③ 何宝玉:《信托法原理研究》,中国政法大学出版社2005年版,第57页。

有权份额来考虑有关的没收命令。① 正是这一判例在意大利确立了关于以受益人为信托财产所有人的规则。

就第一种方案而言,其存在的缺陷在于:(1)无法解释受托人不享有管理或处分信托财产所产生的利益,并且信托法律关系终止后信托财产也不归属于受托人的现象。因为既然受托人享有信托财产的所有权,那么其管理或处分信托财产所获得的利益应归属于自身,且信托法律关系终止后,除非受托人转让或放弃所有权,否则信托财产的所有权应始终属于受托人,但这些国家和地区的信托法均确认受托人不得享有信托利益,并且信托法律关系终止后,信托财产应归属于受益人。② 可能考虑到此,有日本学者将受托人的权利称为"名义所有权"、有中国台湾地区学者将其称为"形式上所有权"。③ (2)将受益权定性为债权不能说明为何受益人不仅享有请求受托人支付信托利益的权利,而且享有监督受托人的权利,以及受益权的内容并未固定于特定的信托财产,随着信托财产构成物的变化而发生变动等。第二种方案实际上将信托财产定性为无主财产或将信托财产人格化为民事主体。若将信托财产定性为无主财产,则显然与受托人占有和管理信托财产,受益人享有信托利益这一信托的本质特征不相符。若将信托财产人格化为民事主体,则信托财产本身应为信托法律关系的当事人之一,享有权利和承担义务,但《加拿大魁北克省民法典》并没有规定信托财产本身的任何权利和义务。因此,这种确认信托财产不属于任何人的方案不合理。第三种方案的不足之处在于仅确定了受益人对信托财产享有的权利,而对受托人享有何种权利未加以确定。

(二)信托财产权的中国化设计

笔者认为,在中国,可由受益人享有信托财产的所有权,而受托人享有信托财产的管理权,这项权利属于一种新型的用益物权。

---

① 张天民:《失去衡平法的信托》,中信出版社2004年版,第149—150页。
② 参见日本《信托法》第9条、第61条;韩国《信托法》第29条、第59条;中国台湾地区"信托法"第34条、第65条。
③ 朱柏松:《论受托人违反信托本旨处分信托财产之效力》,《月旦法学杂志》2002年第3期。

1. 由受益人享有信托财产所有权

信托本质上是一种财产管理设计，委托人之所以设立信托，目的在于通过受托人的管理和处分行为，为受益人谋取利益。在信托期间，受益人享有信托财产所产生的利益；信托终止后，若信托文件没有另外规定，则信托财产归属于受益人。这表明，由受益人享有信托财产的所有权最符合委托人的意愿。虽然中国《信托法》第 2 条仅规定委托人将信托财产"委托"给受托人，但不能因使用了"委托"一词就认为信托财产的所有权仍归委托人。从该法的有关规定看，委托人并不享有信托财产的所有权。例如，该法第 15 条规定，信托财产与委托人未设立信托的其他财产相区别；设立信托后，委托人死亡或者解散、被撤销、破产时，委托人不是唯一受益人的，信托存续，信托财产不作为其遗产或者清算财产。若委托人享有信托财产所有权，岂有信托财产不作为其遗产或清算财产之理？

根据中国《信托法》第四章第三节对受益权的规定，受益权的内容主要有：（1）信托利益请求权；（2）对信托事务的监督权；（3）对受托人处分信托财产行为的撤销权。这些内容均可用受益人的所有权加以说明。

其一，信托利益请求权是一种基于所有权发生的请求权。如前所述，基于债权可以产生请求权，而基于物权、知识产权、人身权等民事权利也可以产生请求权。信托利益请求权实际上是受益人基于其对信托财产的所有权享有的请求受托人支付信托利益的权利。若受托人依信托文件的规定将信托利益支付给了受益人，受益人便不必行使该项权利。若受托人未将信托利益支付给受益人，受益人对信托财产所有权的圆满状态便受到了妨碍，此时，受益人便有权行使信托利益请求权，要求受托人向其支付信托利益。

其二，对信托事务的监督权是受益人所有权所派生的一项权利。根据中国《信托法》第 49 条的规定，受益人对受托人享有的监督权主要包括：了解信托财产的管理、处分情况的权利；要求受托人就信托事务作出说明的权利；查阅、复制、抄录信托账目的权利等。受益人不直接占有和使用信托财产，但其享有信托利益，为保护其利益不受侵害，受益人享有对信托事务的监督权。据此，可将受益人对信托事务的监督权理解为受益人所有权的行使方式。通常情形下，所有权人行使所有权的方式表现为占有、使用、收益、处分所有物，但这并不意味着所有权的行使方式仅有这四种。在他人占有和使用所有物的情形下，所有权人对所有物的使用情况进行监督也是其行使所有权的方式之一。

其三，对受托人处分信托财产行为的撤销权是受益人所有权效力的体现。根据中国《信托法》第22条、第49条的规定，受托人违反信托目的处分信托财产或者因违背管理职责、处理信托事务不当致使信托财产受到损失的，受益人有权申请人民法院撤销该处分行为，并有权要求受托人恢复信托财产的原状或者予以赔偿；该信托财产的受让人明知是违反信托目的而接受该财产的，应当予以返还或者予以赔偿。受益人行使撤销权的依据既可以是物权，也可以是债权。笔者认为，将受益人的撤销权解释为受益人所有权的效力更为妥当。若将受益人的撤销权解释为债权人的撤销权，则受益人只能对受托人行使该权利，而无法直接从第三人处追回信托财产。将受益人的撤销权解释为所有权的效力，则受益人有权直接追及至信托财产之所在，这对保护受益人的利益和实现信托目的更具有积极的意义。

值得注意的是，在公益信托中，受益人是不特定的社会公众，这种情形下应如何确定信托财产所有权的归属呢？笔者认为，公益信托中受益人不特定并非意味着不存在受益人，一旦依据信托目的确定了某些人为受益人，这些人即享有信托财产所有权。在受益人尚未确定前，可由信托监察人代行受益人的权利。中国《信托法》第65条规定："信托监察人有权以自己的名义，为维护受益人的利益，提起诉讼或者实施其他法律行为。"这为信托监察人代行受益人的权利提供了法律依据。

2. 由受托人享有信托财产管理权

鉴于受托人的权利主要是以自己的名义对信托财产进行管理或处分，在确定受益人对信托财产享有所有权之后，可将受托人的权利定性为一种新型的用益物权即信托财产管理权。具体分析如下。

首先，受托人享有信托财产的收益权。在此，有必要将收益与受益两个概念区分开来。收益是收取由原物产生出来的新增经济价值之意，受益是实际享有财产利益之意。例如，受托人管理的信托财产为一宗房屋，用于出租，受托人收取了租金（有收益），但是由于扣除房屋的维修费用、经营成本和受托人的酬金后，没有任何盈余，在这种情况下受益人不能受益（无受益）。① 一般而言，用益物权人占有、使用他人所有的物产生的收益应由其自身享有，而受托人管理信托财产所获得的收益，应依信托文件的约定，交给受益人享有。由于用益物权的含义只强调权利人对他人所有物的收益权，至于收益归属于谁，其并未加以限定，因此，受托人管理信托财产的收益支付给受益人，并不影响信托财产管理权的用益物权属性。

其次，如前所述，用益物权人对他人所有的物也具有一定的处分权，不能因受托人对信托财产的处分权而否定其用益物权的性质，只不过其处分权受到一定的限制而已。如信托文件可对受托人处分信托财产的目的、方式等进行限制。

再次，中国《物权法》第117条规定将用益物权的客体扩张到动产、不动产，为将受托人的信托财产管理权定性为用益物权提供了物权法基础。无论信托财产是动产还是不动产，受托人的权利均可使用用益物权加以解释。

最后，将受托人的权利定性为用益物权能合理解释在信托期间受托人对信托财产享有管理和处分权，而在信托终止后信托财产不归属于受托人的现象。由于用益物权只在法定或约定的期限内存在，期限届满权利即行消灭，因此，为用益物权人（受托人）占有、使用的物（信托财产）应当返还给所有权人，而不能归属于其自身。

在现代社会，法律移植的现象十分普遍。法律移植既应避免造成对本国现有法律体系的冲突，又要使移植的法律发挥其应有的功能。大陆法系国家和地区以及中国移植英美信托制度，最大的障碍在于英

---

① 于海涌：《论英美信托财产双重所有权在中国的本土化》，《现代法学》2010年第3期。

美信托财产双重所有权的本土化问题。研究表明，大陆法系国家和地区对信托财产权的本土化不算成功，中国《信托法》对信托财产所有权的归属和受益权的性质采取回避的态度也不可取。大陆法系物权债权二元结构的财产法体系，具有很强的包容性和适应性，能够合理地实现信托财产权的本土化。由受益人享有信托财产所有权，同时将受托人的权利定性为信托财产管理权这种新型的用益物权，不仅可以在中国既有的物权体系内实现信托财产权的本土化，避免对现有财产法体系造成巨大的冲击，而且可以实现英美信托制度所具有的财产管理功能。

第四节　信托公示问题

所谓信托公示，是指通过一定方式将有关财产已设立信托的事实向社会予以公布。与英美信托法无信托公示的规定不同，大陆法系国家和地区的《信托法》均专门规定了信托公示制度。[①] 中国《信托法》第10条也对信托公示作了明确规定，即"设立信托，对于信托财产，有关法律、行政法规规定应当办理登记手续的，应当依法办理信托登记。未依照前款规定办理信托登记的，应当补办登记手续；不补办的，该信托不产生效力"。然而，这一规定十分简略，缺乏可操作性，且存在不合理之处。而其后中国银监会公布的《信托公司管理办法》和《信托公司集合资金信托计划管理办法》中对信托登记却只字未提。因此，中国的信托登记一直处于"有法可依、无法操作"的状态。2006年6月，经中国银监会批准，全国首家信托登记机构——上海信托登记中心成立。该中心制定的《信托登记业务操作指引》（以下简称《信托登记指引》）成了迄今为止中国信托登记的唯一操作规范。可是《信托登记指引》不具有法律效力，其对信托登

[①] 在英美法系国家，为保护受益人和交易第三人的利益，要求受托人在以信托财产与第三人进行交易时，应向第三人说明自己的受托人地位。参见何宝玉《信托法原理研究》，中国政法大学出版社2005年版，第104—105页。

记所作的规定也尚值得商榷。鉴于此，本文拟基于比较法的视角，在探讨信托公示的理论基础、财产范围、程序和效力等问题的基础上，就完善中国《信托法》第 10 条的规定提出建议，以期对健全中国的信托公示制度和促进信托活动的健康发展有所裨益。

一 信托公示的理论基础

（一）交易成本理论

交易成本是现代制度经济学的核心范畴。在交易成本概念的创始人科斯看来，"为了进行市场交易，有必要发现谁希望进行交易，有必要告诉人们交易的愿望和方式，以及通过讨价还价的谈判缔结契约，督促契约条款的严格履行，等等"[①]，这些工作所花费的成本就是交易成本。按照张五常教授的解释，"在最广泛的意义上，交易成本包括那些不可能存在没有产权、没有交易、没有任何一种经济组织的鲁滨逊·克鲁索经济中的成本"。"交易成本就可以看作是一系列制度成本，包括信息成本、监督管理成本和制度结构变化的成本。"[②]交易成本理论表明，在存在交易成本的条件下，法律制度的设计具有十分重要的意义，人们应该从实现资源配置最优化的原则出发，选择合适的法律制度，以减少不必要的交易成本。[③]

由于在交易过程中某项财产是否为信托财产，是不易为信托内部关系以外的第三人所知晓的，因此，若无信托公示制度，第三人为规避交易风险，在取得信托财产前必将通过各种途径调查交易对方的身份以及处分权限等信息，这将导致交易成本随之提高。另外，由于设立信托须由委托人将信托财产转移给受托人，受托人则以自己的名义对其进行管理处分，因此，如果没有信托公示制度，受托人为谋取私利而违反信托目的处分信托财产的可能性将大大增加。若与受托人就信托财产进行交易的第三人为善意，则受益人便无法通过行使撤销权

[①] ［美］科斯：《企业、市场和法律》，盛洪、陈郁等译，上海三联书店 1990 年版，第 91 页。
[②] 张五常：《经济解释》，商务印书馆 2002 年版，第 250—251 页。
[③] 钱道弘：《经济分析法学》，法律出版社 2003 年版，第 1 页。

以使信托财产恢复原状。此时尽管受益人可以要求受托人赔偿损失，但信托目的将难以实现。为避免这种情形发生，受益人必然会加强对受托人处分行为的监督，而一旦采取这种措施，受益人将徒增监督成本。相反，若对信托财产进行了公示，则第三人在与受托人进行交易时可以方便地预见到自己的交易风险，从而简化调查有关信息的过程，实现交易成本的节省，而且当受托人违反信托目的处分信托财产时，受益人可以通过行使撤销权而使信托财产恢复原状，此时与受托人进行交易的第三人不能以不知交易标的物属于信托财产为由来对抗受益人，这样，受益人便不必额外付出监督受托人处分行为的成本。可见，为了降低交易成本，有必要建立信托公示制度。

（二）信托财产的独立性理论

信托财产的独立性是指信托一旦有效设立，信托财产即从委托人、受托人以及受益人的自有财产中分离出来，成为一项独立运作的财产，仅服从于信托目的。[①] 从委托人角度观之，委托人一旦将财产交付信托，即丧失对该财产的所有权，信托财产不属于其自有财产。从受托人角度观之，受托人仅享有信托财产的管理处分权，而不能享有行使该权利所带来的利益——信托利益，因此，信托财产也不属于其自有财产。再从受益人角度观之，受益人固然享有受益权，且在信托终止后若信托文件没有另外规定的，信托财产即归属于受益人，但在信托存续期间，受益人并不能直接占有、使用和处分信托财产。

信托财产的独立性在信托法上产生了以下重要的法律后果：其一，委托人、受托人和受益人中任何一方的债权人都无法主张以信托财产偿债。委托人将财产交付信托后即丧失对该财产的所有权，其债权人自不能对信托财产主张权利。受托人仅享有对信托财产的管理处分权而不能享有任何信托利益，因而其债权人也无法对信托财产主张权利。至于受益人在信托期间仅享有信托财产的受益权，其债权人至多只能代位受益人请求受托人交出信托利益，而不能对信托财产本身做任何主张。其二，委托人或受托人死亡、解散、破产或被撤销的，

[①] 周小明：《信托制度比较法研究》，法律出版社1996年版，第13页。

信托财产不得作为其遗产或清算财产。因此，一项财产是否为信托财产，对委托人、受托人以及受益人以外的第三人利益的影响攸关，若不以一定的方式公开信托事实，第三人则无由知悉某项财产已成为信托财产的真相，从而可能遭受无端的损害。基于这种考虑，信托法有必要建立信托公示制度。

二 信托公示的财产范围

大陆法系国家和地区一般只规定一些特定的信托财产应进行信托公示。这类财产主要限于以下三种：其一，信托财产属于应当登记的财产权，如土地、房屋、机动车、船舶等，除应办理财产转移登记外，还应办理信托登记；其二，信托财产属于应当注册的财产权，如矿业权、渔业权和专利权等，除应办理财产转移注册外，还应办理信托注册；其三，信托财产若为有价证券，除办理转移手续外，应于证券上标明其为信托财产；其中，若属于股票和公司债券，还应在股东名册或公司债券簿上明确记载属于信托财产。[1] 对于以货币、一般动产、普通债权等其他财产设立信托的，这些国家和地区通常没有规定应进行信托公示。这主要是考虑到与应公示的财产相比，这类财产经济价值不大，而且数量、种类繁多，若都要予以公示，则手续极为复杂，因公示所耗的费用也必极高。学界普遍认为，公示的复杂程度及其产生的成本比不公示对第三人的影响和损失要大，因此不主张其他财产的公示。[2] 不过，日本2006年修订的《信托法》第九章"限定责任信托的特例"中，对限定责任信托登记的财产范围却没有加以限制。该法第216条规定："限定责任信托，是根据信托行为以全部信托财产负担债务，以属于受托人的信托财产负其履行责任的信托。依据第二百三十二条的规定，限定责任信托经登记发生效力。"而该法第232条规定的登记事项中并未限定信托财产的范围。其原因在于受

---

[1] 参见日本《信托法》第14条、韩国《信托法》第3条、中国台湾地区"信托法"第4条。

[2] 方嘉麟：《信托法之理论与实务》，元照出版有限公司2003年版，第245页。

托人仅以信托财产为限承担责任而不承担个人财产责任，这对与之进行交易的债权人较为不利，为使债权人知晓交易的风险，需要对全部信托财产进行登记公示。①

中国《信托法》第 10 条第 1 款规定："对于信托财产，有关法律、行政法规规定应当办理登记手续的，应当依法办理信托登记。"可见，该法将信托公示的方法仅限于登记一种，而且对哪些信托财产应当登记没有作出具体规定。尽管依上述规定，信托登记应按"有关法律、行政法规规定"办理，但在已实施的有关法律法规中，却只有有关财产出让、转让和变更等事项登记的规定，并没有就信托财产的登记作出过规定。这样的信托公示制度，在实践中根本无法操作。

笔者认为，鉴于某些财产权的转移必须登记或注册才能发生效力，若以这些财产权设立信托的，应当进行财产权转移的登记或注册，但除此之外，还应办理信托公示，才能周到地保护信托内部关系以外的第三人利益以及受益人的利益。简而言之，以那些通过登记或注册才能发生财产权转移效力的财产设立信托的，需要进行信托公示。根据目前中国有关法律法规的规定，这类财产主要包括：不动产；机动车、船舶、航空器等特殊动产；矿业权、渔业权、知识产权等权利。

至于以货币、一般动产、普通债权等其他财产设立信托的，目前中国学界均主张对此不需要公示，其理由与大陆法系国家和地区学界所持的前述理由相同。② 对此，笔者不敢苟同。首先，与不动产、知识产权等相比，这些财产的经济价值并非一概不大。一笔数额不菲的货币很可能超过一项不动产的经济价值，而一件精密仪器的经济价值也极有可能大于一项知识产权的经济价值。因此，以这些财产的经济价值不大为由来否定对其进行信托公示，是不合理的。其次，尽管这些财产种类繁多，但可以根据不同类型财产的特性设计合理的信托公示方式，这样，信托公示的手续便不会十分复杂。（信托公示的方式

---

① 赵廉慧：《日本信托法修改及其信托观念的发展》，《北方法学》2009 年第 4 期。
② 汤淑梅：《信托登记制度的构建》，《法学杂志》2008 年第 6 期。

容后详述）最后，如果对这些财产设立的信托不加以公示，即当受托人违反信托目的处分该信托财产且与之进行交易的第三人为善意时，依民法的善意取得制度，受益人便无法要求第三人返还信托财产，这可能导致信托目的无法实现，从而对受益人极为不利。

值得注意的是，上海信托登记中心制定的《信托登记指引》第11条将信托财产登记区分为了"有权属登记财产的信托登记"与"无权属登记财产的信托登记"。根据该条规定，"有权属登记财产"是指"按照法律、行政法规规定应当办理权属登记的财产，例如房产登记管理部门负责登记的房产所有权、土地登记管理部门负责登记的土地使用权、工商行政管理部门负责登记的股权以及应在相关权属部门登记的抵押权等相关财产权利"。"无权属登记财产"是指"当前没有法律、行政法规规定应当办理权属登记的财产，例如动产所有权、债权等"。可见，《信托登记指引》实际上将有权属登记的信托财产和无权属登记的信托财产一并纳入信托登记的财产范围。对此，笔者表示赞同，但其未将信托存续期间受托人管理、运用信托财产而取得的财产纳入信托公示的财产范围，实为一处疏漏。因为根据信托财产的同一性原理，信托财产不仅包括信托设立时的财产，而且包括信托设立后受托人管理信托财产而取得的财产。中国《信托法》第14条第2款也明确规定："受托人因信托财产的管理、运用、处分或者其他情形而取得的财产，也归入信托财产。"若不对受托人管理信托财产而取得的财产进行信托公示，仍可能出现受托人违反信托目的挪用、处分这部分财产而受益人无法要求善意第三人返还的情形。这样，受益人的权益便得不到有效保障，信托公示的初衷也无法彻底实现。

三　信托公示的机构与方式

为使信托公示能顺利进行，大陆法系国家和地区的有关法律专门针对某些特定财产设立信托的公示机构和公示方式作了具体规定。这主要表现为以下几个方面。

其一，关于不动产信托登记的机构与方式。在日本，信托登记与因信托而产生的财产权转移登记是同时进行的,信托登记的机构通常即为财产权登记或注册机构。① 不过,日本2006年修订后的《信托法》第238条则规定:"关于限定责任信托的登记事务,由管辖限定责任信托的事务处理地的法务局或地方法务局或其支局或其派出所作为管辖登记所。"日本《不动产登记法》第108条至第111条对不动产信托登记的方式作了如下规定:(1)以不动产设立信托的,由受托人提出登记申请。(2)信托登记的申请,应当与因设立信托而实行的不动产所有权转移登记申请,以同一书面文件一并提出。实际登记过程中,应同时进行两种登记,即不动产所有权转移登记和信托登记。(3)受托人提交的信托登记申请文件应当附具一份书面文件,并载明委托人、受托人、受益人以及信托管理人的姓名与住所、信托目的、信托财产的管理方法、信托终止事由等事项。该书面文件存入信托存根簿,视为信托登记簿的一部分。在中国台湾地区,并未设立所谓统一的信托登记机构,而是将信托登记交由财产权转移登记主管机关处理。② 对于不动产信托登记,也采取一次同时办理不动产转移登记和信托登记手续的办法。在不动产转移登记时,增加信托存根簿,作为信托公示的文件,以备社会公众查阅。③

其二,关于有价证券信托的公示机构与方式。对于以有价证券设立信托的,日本《关于有价证券标明为信托财产及属于信托财产的金钱的管理政令》第1条至第3条规定,股票、公司债券由发行人或公证人标明其属于信托财产,国债由日本银行标明其是信托财产;公证人在接到受托人的申请时,须在信托标明簿上记载证券的种类、号码、委托人和受托人的姓名或名称,在证券上标明为信托财产并盖上附有日期的图章;发行人或银行在接到受托人的申请时,应当在证券上标明为信托财产,附注日期并签名盖章。中国台湾地区"信托法"

---

① [日]能见善久:《现代信托法》,赵廉慧译,中国法制出版社2011年版,第27页。

② 赖源河、王志诚:《现代信托法论》(增订三版),中国政法大学出版社2002年版,第72页。

③ 同上书,第282页。

第 4 条第 3 项则规定，以股票或公司债券为信托者，非经通知发行公司，不得对抗该公司。

中国《信托法》及其他法律法规对信托财产由什么机构公示、如何公示等均没有作出明确规定，这不利于信托公示的顺利进行。2006年 6 月经中国银监会批准成立的上海信托登记中心是目前中国唯一的信托登记机构。尽管查阅该中心的简介可知，其为"由中国银监会批准（批准文号：银监办发〔2006〕163 号）、上海市浦东新区政府设立的事业性、非金融中介服务机构，主要负责《中华人民共和国信托法》规定的信托登记相关事务"，但其是否就是进行信托登记的法定机构，不无疑议。因为：其一，该中心是事业性、非金融中介服务机构，由其进行法定的信托登记没有法律依据。其二，该中心实行会员制的服务方式，在该中心进行信托登记必须先申请成为该公司的会员。这实际上使信托登记成为任意性登记，缺乏应有的强制性特征。其三，该中心将会员的范围限定为信托公司和其他金融机构，将自然人排除在外，这意味着民事信托被排除在该中心的业务范围之外。而信托登记不仅包括营业信托的登记，还应包括民事信托的登记。

目前，学界关于中国信托登记机构的选择存在着争议。第一种观点主张由现有的财产权登记机构担任信托登记机构。其认为如果新设机构专门进行信托登记，受托人将必须办理财产权转移登记和信托登记双重登记，登记的环节势必增多，而且因财产权登记机构不显示信托财产属性，交易对方还须向信托登记机构查询才能确定交易的对象是否为信托财产，给交易带来不便。因此，从便利当事人的角度出发，信托登记机构与财产权登记机构合二为一更为适宜。[①] 第二种观点则主张设立专门的信托登记机构。其理由是信托登记与财产权登记的性质不同，不应由财产权登记机构办理信托登记；财产权登记机构登记的财产范围有限，不能涵盖所有的信托财产；财产权登记机构不统一，由其进行信托登记，将导致同一信托项下不同类型的信托财产登记信息相互割裂，既不利于信托登记的办理，也不利于当事人知悉

---

① 汤淑梅：《信托登记制度的构建》，《法学杂志》2008 年第 6 期。

信托财产的完整信息。①

笔者认为，上述第一种观点对现有的财产权登记制度冲击较小，也便于当事人进行信托登记。但信托财产的种类不限于应办理财产权转移登记的财产，因此，仅以现有的财产权登记机构作为信托公示机构有失偏颇。第二种观点的优点在于可以实现信托登记的统一管理，有利于信托财产信息的查询，但新设立一个统一的信托登记机构不可避免地面临如何与现行登记机构和登记规则衔接的问题，会增加信托财产登记的复杂性。鉴于此，中国可针对不同性质的信托财产，分别规定相应的公示机构和公示方式。具体而言：

第一，以应登记或注册的财产权设立信托者。由于需要进行信托登记或注册的财产，均为依法需要办理财产权变更登记或注册的财产，因此，由财产权变更登记机构或注册机构同时担任信托公示机构较为合适。而信托登记或注册的内容可以借鉴日本和中国台湾地区关于不动产信托登记方式的上述规定。此外，由于从信托理论上说，信托有效设立后，委托人原则上与信托财产权利相分离，尤其是在遗嘱信托中，委托人已经死亡；而受益人又有可能为无民事行为能力人或限制民事行为能力人，所以，应由受托人作为信托登记或注册的申请人较为合适。

第二，以有价证券设立信托者。一般而言，可由受托人向有关发行人提出申请，由发行人在有价证券上载明其属于信托财产。但是，若以在证券登记结算机构存放的有价证券设立信托的，应由证券登记结算机构载明其属于信托财产为宜，这样，可以避免由委托人先将有价证券从证券登记结算机构取回，再通过受托人交由发行人在有价证券上载明其属于信托财产而带来的烦琐。

第三，以其他财产设立信托者。对货币信托，可由受托人向银行提出申请，由银行在账户上注明其为信托财产。对一般动产或普通债权信托，可由受托人在该动产或债权凭证上作信托财产的标志，没有

---

① 夏锋：《我国信托登记制度的理论与实务研究》，2019年12月1日，http://www.chinalaw.gov.cn/article/dfxx/zffzyj/200903/20090300129798.shtml。

债权凭证的，应当由委托人作成债权凭证交付给受托人。

四 信托公示的效力

依大陆法系国家和地区的《信托法》规定，信托公示的效力在于使委托人、受托人、受益人能够以信托对抗第三人，从而确保信托财产的安全。例如，日本《信托法》第14条规定："以不登记或不注册就无法以权利的得失或变更对抗第三人的财产设立信托的，不进行信托登记或注册，不得以该财产为信托财产对抗第三人。"韩国《信托法》第3条和中国台湾地区"信托法"第4条也有类似规定。

与大陆法系国家和地区的《信托法》对信托公示采取对抗要件主义的态度不同，从中国《信托法》第10条的规定看，其采取了信托公示生效要件主义。中国《信托法》之所以作出如此严格的规定，据认为是为了与中国民法的不动产登记制度相一致。[1] 或许正是因为立法机关已感到采取信托公示生效主义过于严厉，信托当事人因未登记公示就导致信托不能生效并引起一系列问题，该条还规定了一项补救措施，即未依法办理信托登记的，应当补办登记手续，不补办的，信托才不生效力。

在中国学界，关于信托公示的效力存在着不同看法。有的学者赞成中国对信托公示实行生效要件主义；也有学者主张借鉴日本、韩国等国的规定，实行信托公示对抗要件主义；还有学者主张与现有财产权登记效力制度相一致，分别实行信托公示生效主义和对抗主义。[2]

笔者认为，中国对信托公示采取生效要件主义不妥当，理由如下。

首先，信托的价值取向在于扩张自由和提升效率，为了使信托能够有效运作，需要信托法为当事人提供较其他法律更大的弹性空间与更为切实的保障。如果当事人之间设立信托关系，对第三人的利益无

---

[1] 全国人大《信托法》起草工作组：《〈中华人民共和国信托法〉释义》，中国金融出版社2001年版，第43页。

[2] 吕红：《论信托公示制度的完善》，《社会科学》2004年第2期。

影响，于社会公共利益也无不利，从实现信托的自由和效率的价值出发，似不必强求信托公示之生效效力。

其次，按照信托公示生效要件主义，在设立信托后、办理信托公示前，即使此时设立信托的财产已经转移给受托人，委托人仍可随时与受托人共同决定变更受益人或终止信托。这必然会使信托形同虚设，有悖于公平和诚实信用。

最后，如果将公示确定为信托的生效要件，那么在公示以前因信托不生效力，此时信托财产尚不具有独立性，委托人、受托人及受益人的债权人均可追及该项财产本身，这对受益人的利益保护不利。

由此可见，大陆法系国家和地区的《信托法》均不以公示作为信托的生效要件，而采取公示对抗要件主义，不无道理，因为这有利于维护公平和诚实信用，保护受益人利益，而且对善意第三人的利益也无不利影响，不会妨碍交易安全。所以，中国《信托法》应参考日本、韩国等国《信托法》的规定，在信托公示的效力上改采信托公示对抗要件主义。

五 结语

通过上文的分析，笔者认为，中国信托公示制度可从以下两个方面加以完善：其一，改变信托公示的方法仅限于登记一种，而且对信托登记的财产范围无具体规定的做法，针对不同的信托财产分别规定相应的公示机构与公示方式；其二，废弃信托公示生效要件主义，改采信托公示对抗要件主义。

据此，可将中国《信托法》第10条修改如下：

"以法律、行政法规规定应当办理登记或注册手续的财产权设立信托的，应当由受托人向财产权登记或注册机关办理信托登记或注册。以有价证券设立信托的，应当由受托人向发行人提出申请，由发行人在有价证券上载明其为信托财产，其中，以记名股票或公司债券设立信托的，还应当在股东名册或公司债券存根簿上载明其为信托财产。但是，以在证券登记结算机构存放的有价证券设立信托的，应当由证券登记结算机构载明其属于信托财产。以货币设立信托的，应当由受托人向银行申请设立信托专户。以一般动产设立信托的,应当由受托人在该动产的显著位置标明其为信托财产。以普通债权设立信托的,应当由受托人在债权凭证上注明其为信托财产;没有债权凭证的,应当由委托人作成债权凭证交付给受托人。"

"未依照前款规定办理信托公示手续的,不得对抗善意第三人。"

第二章　慈善信托的界定与价值

第一节　慈善信托的界定

一　学界关于慈善信托定义的争议

慈善信托是信托的类型之一。中国《信托法》仅对公益信托进行了界定，并未规定慈善信托的含义。该法第60条规定："为了下列公共利益目的之一而设立的信托，属于公益信托：（一）救济贫困；（二）救助灾民；（三）扶助残疾人；（四）发展教育、科技、文化、艺术、体育事业；（五）发展医疗卫生事业；（六）发展环境保护事业，维护生态环境；（七）发展其他社会公益事业。"依中国《慈善法》第44条的规定，慈善信托属于公益信托，是指委托人基于慈善目的，依法将其财产委托给受托人，由受托人按照委托人意愿以受托人名义进行管理和处分，开展慈善活动的行为。此定义显然是依据中国《信托法》第2条对信托的定义方式而对慈善信托展开界定的。但其存在以下较为模糊不清之处：其一，慈善信托与公益信托的关系问题。尽管中国《慈善法》第44条中规定了"慈善信托属于公益信托"，但从法律解释学的角度看，慈善信托与公益信托究竟是何种关系，显得不甚清晰；其二，慈善目的的认定问题。慈善信托与非慈善信托的区别之一在于前者的目的具有慈善性。对于如何认定慈善目的，中国《慈善法》第44条并未加以明确规定，而这对慈善信托而言又至关重要。

对慈善信托与公益信托的关系，学界存在着不同的观点。有的学者主张使用慈善信托这一词汇，认为公益信托一词应是Public

Trust 的翻译。① 有的学者认为，将 Charitable Trust 译为公益信托，违背了慈善信托的质的规定性，还影响了中国关于公益信托制度的设计，导致公益信托制度具有较强的行政色彩。具体而言：其一，在英国法中，对于一项信托是否为慈善信托，主要是考察其行为是否具有慈善性质。慈善即是帮助他人，利他。故在司法判例中发展出了"私人连接点"这一判断标准。我们将慈善信托（Charitable Trust）翻译转化为公益信托后，却仅是强调其公益性、公众性，而忽视了其委托人与受益人不得有"私人连接点"这一判断标准。其二，由于侧重公益性，中国公益信托的具体制度具有较重的行政色彩。② 也有学者认为，与其努力界定与解释"公益"与"慈善"之间的差异，不如努力制定推动慈善事业前进的新规则。③ 还有的学者主张，慈善信托与公益信托两个概念并无实质区别。从此意义上说，慈善信托与公益信托同义，中国《信托法》对公益信托的专章规定完全适用于慈善信托。④

对慈善目的的认定，在学界也存在不同的看法，主要争议在于以下两个问题：一是慈善信托的受益人范围如何界定？二是慈善信托目的是否必须为绝对公益性？

关于公益信托或慈善信托的受益人范围如何界定，中国《信托法》和《慈善法》均未加以规定，2017 年原银监会与民政部联合发布的《慈善信托管理办法》第 10 条则要求受益人不得"与委托人或受托人具有利害关系"。但"具有利害关系"的含义较为模糊，在私法领域，近亲属关系、股权关系、债权债务关系等均可解释为"利害关系"。从慈善信托的实践来看，受益人与委托人或受托人之间是否存在"利害关系"往往难以判断。例如，2017 年设立的天信世

---

① 何宝玉：《英国信托法原理与判例》，法律出版社 2001 年版，第 296 页。
② 刘迎霜：《我国公益信托法律移植及其本土化：一种正本清源与直面当下的思考》，《中外法学》2015 年第 1 期。
③ 杨团、葛道顺：《中国慈善发展报告》，社会科学文献出版社 2009 年版，第 4—5 页。
④ 王建军、燕翀、张时飞：《慈善信托法律制度运行机理及其在我国发展的障碍》，《环球法律评论》2011 年第 4 期。

嘉·信德黑大同窗互助慈善信托，委托人为12名黑龙江大学校友，受益人范围包括因重大疾病或其他特殊困难需要帮助的黑龙江大学校友及其直系亲属。① 在该慈善信托中，委托人与受益人之间存在的校友关系是否属于"利害关系"的范畴，殊难认定。学界对慈善信托受益人范围的界定有所不同。主要有如下两种观点：一种观点认为，慈善信托的受益人应为不特定的多数人。其理由是慈善信托必须使整个社会或社会公众的一个足够大的部分受益；受益人的范围太小，信托利益就不具有公共性。② 另一种观点认为，慈善信托的受益人应与委托人不存在私益上的关系。该观点借鉴英国判例法的做法，主张慈善信托不能为某个私益而设，受益人与委托人之间不能存在私益上的关系。③

依中国《信托法》第63条、《慈善信托管理办法》第23条的规定，公益信托或慈善信托的信托财产及其收益，只能全部用于公益目的或慈善目的。这意味着中国慈善信托要求信托目的具有绝对公益性。在学界，有的学者认为，中国放松对慈善信托目的绝对公益性的要求，将剩余性信托归为慈善信托。该观点认为，英国按照信托的目的来确定慈善信托。如果信托的目的属于英国慈善法规定的慈善目的的范围，则该信托就是慈善信托。《慈善法》对于慈善目的是否纯粹，并未给予明确规定，这给配套规定留下了创新空间。④ 也有学者主张，慈善信托目的必须强调绝对的公益性，一旦非慈善因素包含于慈善信托目的之中，其便不能成为慈善信托。⑤

---

① 民政部全国慈善信息公开平台，2019年9月2日，http：//cishan. chinanpo. gov. cn/biz/ma/csmh/e/csmhedetail. html? aafx0101 = ff8080815ea74ad5015ebbf6031f0047。

② 参见何宝玉《信托法原理研究》（第2版），中国法制出版社2015年版，第482页；徐孟洲《信托法》，法律出版社2006年版，第200页；张军建《信托法基础理论研究》，中国财政经济出版社2009年版，第59页。

③ 中国信托业协会编著：《慈善信托研究》，中国金融出版社2016年版，第84页。

④ 栗燕杰：《我国慈善信托法律规制的变迁与完善》，《河北大学学报》（哲学社会科学版）2016年第5期。

⑤ 刘迎霜：《我国公益信托及其本土化：一种正本清源与直面当下的思考》，《中外法学》2015年第1期。

二 慈善信托界定的比较法考察

（一）英国

在英国，1945 年 Compton，Re Powell v. Compton 一案中，法院判决认为委托人只以某三个家庭的子女教育为目的而设立的信托，不具有公益性。法官指出：一群人可能数量很大，但如果他们之间的联结点是他们与一个或几个共同始祖之间的关系，那么为了慈善目的，他们既不构成社会公众，也不构成社会公众的一部分。本案的判决后来被称为 Re Compton 规则或 Re Compton 检验标准。[1] 又在 1947 年的 William Trustees v. IRC 案中，争议的焦点在于信托受益人——威尔士人是不是"公众的一部分"。审理本案的法官认为，"威尔士人"包括"通过出生、血统、教育或者在威尔士及蒙默恩郡居住而成为威尔士人"的人，是一个"由流动个人组成的群体"，他提出了"公众的一部分"与"由流动个人组成的群体"的划分标准，前者完全可以为接受慈善捐赠形成一个特定的阶层，而后者则不能。[2] 在 1951 年 Oppenheim v. Tobacco Securities Trust Co. Ltd. 案中，法院也认为仅为母公司或子公司及关系企业员工的子女教育而设立的信托，缺乏公益性因素，不属于慈善信托。该案的案情如下：被告公司将一定的投资纳入信托，将信托收入用于为英美烟草公司或其附属公司的雇员或前雇员的子女提供教育。当时，该公司的雇员和前雇员总计已超过 11 万人。问题是，公司的雇员是否构成社会公众的一部分，从而使这项信托构成慈善信托？初审法官认为，该信托不是慈善性的，因为缺乏公共利益因素。被告公司上诉，上诉法院维持原判。被告公司再向上议院上诉。审理本案的五位上议院议员以四比一作出判决，被告公司的信托不具有慈善性。Lord Simonds 代表上议院发表的判决意见分析指出：社会公众的一部分要表明：（1）可能的受益人的数量不能太少；（2）具有某些特质将他们与社会其他成员分开，这种特质不能

---

[1] 何宝玉：《信托法原理与判例》，中国法制出版社 2013 年版，第 316 页。
[2] 解锟：《英国慈善信托制度研究》，法律出版社 2011 年版，第 68 页。

依赖于他们与特定个人的私人关系。①

英国2011年的《慈善法》中没有对"公共利益"下一个定义，但要求慈善委员会对公共利益制定指南。②慈善委员会于2014年发布的公共利益指南文件指出，公益目的要求包括两方面的内容：（1）有益性要求。为满足该要求，此种目的必须已经被证明是有益的，同时已被证明该目的带来的益处大于其所带来的坏处，且前述结论具有普遍性。（2）公共性要求。为满足该要求，此种目的必须使普遍公众或公众中足够范围内的部分群体受益，且除偶发性情况外，不得包含私益目的。前述偶发性是指所涉及的私益目的（无论从性质上还是从效果上）均是执行公益目的的必然结果或附带性产物。③可见，公益性的关键考量因素在于慈善信托实施过程中，是否可切实产生使公众受益的机会，即使据此受益的可能仅仅是一小部分人群。④

在英国，当慈善信托目的并非绝对公益性时，其可导致不同的法律后果。其一，若非慈善性目的仅为伴生性的或从属于主要慈善目的的，则对慈善信托的设立不产生影响。例如，2004年Latimer v. The Commissioner for Inland Revenue案中，法院认为应对目的、手段及与慈善目的相关的后果予以区分。目的必须是绝对慈善的，如非慈善盈利仅为实现上述目的的手段，或为实现慈善目的而导致的伴生后果，则不影响慈善信托的地位。其二，若非慈善目的无法被认定为附属于主要目的，信托将被宣告为无效，除非其可被例外地认定为一项合法的非慈善的目的信托。其三，当信托目的并非绝对公益性时，其可能被分割成几个部分，其中一部分适用于慈善目的，其余部分或被认定为合法的非慈善的目的信托，或基于归复信托为设立人或对立遗嘱人剩余财产享有权利的人持有。这只有在信托文件所使用的语言可被解

---

① 何宝玉：《信托法原理与判例》，中国法制出版社2013年版，第317页。
② 2011年英国《慈善法》第17条第1款。
③ The Charity Commission, Guidance: Public Benefit: rules for charities, 14 February 24, http://www.gov.uk/guidance/public-benefit-rules-for-charities，2019年8月2日。
④ 葛伟军等译：《英国法下的慈善信托》，第二届两岸信托法制学术研讨会论文，上海，2017年12月，第105页。

读为支持这种分割时方才可能。① 例如，Salusbury v. Denton 案。②

(二) 美国

在美国，长期以来信托法未对慈善目的进行明确规定。司法实践中法院也未对慈善目的进行归纳总结。这主要是因为：法院发现无法（对有效的公益目的）做出一个有效的分类。能够获得社区支持的目的就像风一样分散，它们总随时间变化而变化……因为这种持续的变化，想将社区福利公式化为抽象规则的努力就不可避免地会降格为一系列临时的、对特定情形的回应。法院已经清楚地意识到这种危险，并且已经转变为接受这种观点：只要一个信托的受益人范围超出了受托人直接的家庭与朋友，而且不荒诞可恶、不违法、不过分自私或是明确冒犯他人，那么该信托就是公益性质的。③ 直至2000年《统一信托法典》中，明确了慈善目的的内涵，包括救济贫困，促进教育或宗教发展，增进健康、政府或市政目的或者其他使社群受益的目的。④

在美国，可对信托从时间上加以分割，将公益与私益都置于信托目的上。这种信托根据公益与私益的先后关系可区分为以下两种：一是慈善先行信托（Charitable Lead Trust）。这类信托设定一定期间，向慈善活动给付收益，然后将剩余权转移给私人。二是慈善残余权信托（Charitable Remainder Trust）。这类信托最初为了私人的利益而给付收益，然后为了慈善团体转移残余权。⑤

(三) 日本

日本1994年发布的《公益信托受理申请许可审查基准》中，对

---

① 葛伟军等译：《英国法下的慈善信托》，第二届两岸信托法制学术研讨会论文，上海，2017年12月，第109页。
② 在 Salusbury v. Denton 案中，立遗嘱人将一笔资金留给妻子，并且指示妻子在遗嘱中应当"留下一部分资金……用于她选择的穷人的利益，剩余部分则由她随意地用于她选择的我的亲戚身上"。但他妻子去世时既未留下遗嘱，也未将资金分成两个部分。法院判决，资金应分成两个相等的部分，一部分用于慈善目的，另一部分用于非慈善目的。
③ 金锦萍：《论公益信托之界定及其规范意义》，《华东政法大学学报》2015年第6期。
④ 参见美国《统一信托法典》第405条第（a）款。
⑤ [日] 新井诚：《信托法》，刘华译，中国政法大学出版社2017年版，第372页。

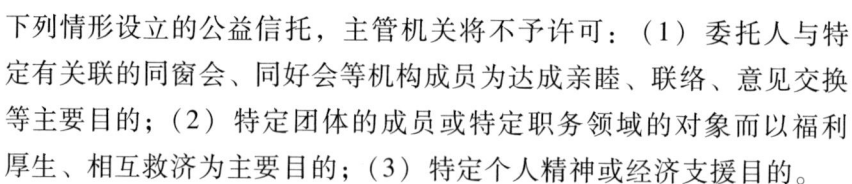

下列情形设立的公益信托，主管机关将不予许可：（1）委托人与特定有关联的同窗会、同好会等机构成员为达成亲睦、联络、意见交换等主要目的；（2）特定团体的成员或特定职务领域的对象而以福利厚生、相互救济为主要目的；（3）特定个人精神或经济支援目的。

日本 2006 年修改的《关于公益的法律》第 1 条规定："信托法（2006 年第 108 号）第 258 条第 1 款规定的未限定受益人的信托中，学术、技艺、慈善、祭祀、宗教及其他以公益为目的，取得次条批准的（以下称'公益信托'），遵守本法规定。"日本《公益社团法人及公益财团法人认定法》对公益事业有明确的列举，可以作为慈善信托中慈善目的认定的参考。这包括：（1）以振兴学术以及科学技术为目的的事业；（2）以振兴文化与艺术为目的的事业；（3）以对残疾人或者生活困苦者，或者事故、灾害、犯罪行为的受害者施加援助为目的的事业；（4）以增进高龄者的福祉为目的的事业；（5）以对有就业愿望的人提供援助为目的的事业；（6）以提高公众卫生水平为目的的事业；（7）以儿童或者青少年的健康成长为目的的事业；（8）以提高劳动者的福祉为目的的事业；（9）以通过教育、体育运动等达到促进国民身心健全的发展、培养丰富的人性为目的的事业；（10）以防止犯罪和维持治安为目的的事业；（11）以防止事故和灾害为目的的事业；（12）以防止和杜绝因人种、性别等原因而导致不当之差别对待为目的的事业；（13）以尊重和拥护思想及良心自由、宗教自由以及表达自由为目的的事业；（14）以推进男女共同参与之社会以及其他更良好社会的形成为目的的事业；（15）以促进国际相互理解以及对发展中国家的海外经济援助为目的的事业；（16）以地球环境的保护以及自然环境的保护及整理为目的的事业；（17）以国土的利用、整备以及保全为目的的事业；（18）以确保国政的健全运营为目的的事业；（19）以社区健全发展为目的的事业；（20）以确保和促进公正且自由的经济活动机会及其活化性，使国民生活安定向上为目的的事业；（21）以确保国民胜过不可欠缺的物质和能源等的稳定的供给为目的的事业；（22）以保护和增进一般消费者的利益为目的的事业；（23）除上述规定之外，政令所规定的和公益相关的事业。①

三 慈善信托的应然界定

"公益信托"一词是大陆法系信托法的称谓，在英美法中相对应的词是 Charitable Trust。英国于1601年通过了《慈善用益法》（Statute of Charitable Uses），后于1888年颁布了《永久产业和慈善用益法》，再后来于2006年制定了《慈善法》。在这些法律文件中，慈善信托使用的均为 Charitable Trust。在美国法律协会1935年公布的《信托法重述》（Restatement of the American Law of Trusts）（目前已进行了第3次重述）、美国统一州法委员会颁布的《统一信托法典》（Uniform Trust Code）中，也使用的是"Charitable Trust"。在大陆法系国家和地区，信托法中均采用了"公益信托"的表述。中国2001年制定的《信托法》中也使用了"公益信托"的表述。

中国《慈善法》使用了"慈善信托"的概念，并规定"慈善信托属于公益信托"。根据《现代汉语词典》的解释，"属于"是指"归某一方面或为某方所有"②。这似乎意味着慈善信托是公益信托的一种类型。但从整体解释的角度来看，中国《慈善法》所称"慈善信托"与中国《信托法》所使用的"公益信托"并无本质区别。因为中国《慈善法》第3条规定了"慈善活动"的范围，而中国《信托法》第60条也列举了"公共利益目的"的范围。中国《慈善法》第3条规定："本法所称慈善活动，是指自然人、法人和其他组织以捐赠财产或者提供服务等方式，自愿开展的下列公益活动：（一）扶贫、济困；（二）扶老、救孤、恤病、助残、优抚；（三）救助自然灾害、事故灾难和公共卫生事件等突发事件造成的损害；（四）促进教育、科学、文化、卫生、体育等事业的发展；（五）防治污染和其他公害，保护和改善生态环境；（六）符合本法规定的其他公益活动。"将该条文与中国《信托法》第60条的规定进行比较，可以发

---

① 赵廉慧：《信托法解释论》，中国法制出版社2015年版，第537页。
② 中国社会科学院语言研究所词典编辑室：《现代汉语词典》，商务印书馆2002年版，第1173页。

现，中国《慈善法》使用的慈善信托的范围与中国《信托法》所称公益信托的范围仅在表述上有所不同，在实质上是一致的。

可见，中国《慈善法》中所谓慈善信托，其名称虽然与英美法上的 Charitable Trust 相同，但实质上是公益信托。笔者认为，在中国目前慈善事业不发达，国家鼓励发展公益活动的情形下，严格遵循英美法传统慈善信托是一种民间的、非营利性的活动，而公益信托则多有国家介入的观念①并无实益。其实，即使在慈善信托发源地的英国，慈善信托的成立与活动均受到国家干预。例如，一项信托、一个组织是否具有慈善地位通常由慈善委员会决定，必要时慈善委员会会商税务部门后再作决定等。② 因此，中国《慈善法》所称慈善信托即为公益信托。

慈善信托是为慈善目的而设立的信托。中国《慈善法》第3条、《慈善信托管理办法》第7条第2款均对慈善活动的范围进行了列举，并使用兜底性的条款规定了"其他公益活动"也属于慈善活动。由此可见，公益性是判断慈善信托目的的关键因素。在判断慈善信托受益人的范围时，英国慈善委员会的上述规定可供借鉴，受益人应为有机会享受有关利益的社会公众或公众的一部分。

从实践中看，自中国《信托法》实施以后，一些信托公司陆续推出了具有公益性质的集合资金信托计划。③ 由于其不完全具备公益信

---

① 参见刘迎霜《我国公益信托法律移植及其本土化：一种正本清源与直面当下的思考》，《中外法学》2015年第1期；王建军、燕翀、张时飞《慈善信托法律制度运行机理及其在我国发展的障碍》，《环球法律评论》2011年第4期。

② 何宝玉：《信托法原理与判例》，中国法制出版社2013年版，第311页。

③ 例如，2004年云南省国际信托投资有限公司设立的"爱心成就未来——稳健收益型集合资金信托计划"、2007年北京国际信托投资有限公司设立的"同心慈善1号新股申购集合资金信托计划"等，均将信托财产收益的一部分捐赠给慈善组织，用于公益目的。前者是由云南国际信托投资有限公司和云南省青少年发展基金会共同设立，将信托计划财产净收益中超过预期年收益率（2.178%）的部分全额捐赠给该助学活动。后者于2007年7月发行，北京国际信托投资有限公司作为信托财产的受托人、中华慈善总会作为慈善运作机构、招商银行作为信托资金的募集方以及信托资金的保管方，各方各司其职，完善该信托的管理。信托共募集资金4599万元，为了实现信托计划收益性和公益性的双重目的，将信托资金主要投资于新股申购，信托计划项下的部分信托财产捐赠给中华慈善总会，用于捐助北京地区民工子弟学校。本项目运作结束后，共提取捐赠资金约50万元，长期资助若干家北京地区民工子弟学校，重点用于学校的冬季取暖等费用。

托的要件，因此学界一般称之为"准公益信托"或"类公益信托"。[①] 在中国《信托法》中公益事业主管机构不明确、公益信托税收优惠制度缺失的情形下，这些信托计划对推动公益信托开展做了有益尝试。中国《慈善法》颁布以来，慈善信托发展较为迅速[②]，然而无论从数量到财产规模上，均有待进一步提升。另外，慈善信托目的的绝对公益性虽然有利于民政部门对慈善信托的管理，但可能影响委托人设立慈善信托的积极性。据悉，在《慈善信托管理办法》制定过程中，信托实务人士多次建议允许以集合资金信托计划的方式设立慈善信托。[③]

笔者认为，若一项信托的目的既有慈善目的又有非慈善目的，若非慈善目的附属于慈善目的，仅处于次要地位，应认定为慈善信托。至于若一项信托的目的在时间上进行分割，则在信托财产及其收益转移于慈善目的时，可认定该信托为慈善信托。这样，一方面体现了对委托人意思自治的尊重；另一方面有利于促进慈善信托的发展。

第二节 慈善信托的价值

一 弥补慈善捐赠的不足

根据中国《慈善法》第34条的规定，慈善捐赠，是指自然人、法人和其他组织基于慈善目的，自愿、无偿赠予财产的活动。据民政部统计，截至2017年年底，全国共建立经常性社会捐助工作站、点和慈善超市2.8万个（其中慈善超市8969个）。2017年共接收社会捐款754.2亿元，其中民政部门直接接收社会各界捐款25.0亿元，各类社会组织接收捐款729.2亿元。2017年各地民政部门直接接收

[①] 参见赵磊：《公益信托法律制度研究》，法律出版社2008年版，第202页；刘迎霜《我国公益信托及其本土化：一种正本清源与直面当下的思考》，《中外法学》2015年第1期。

[②] 据统计，截至2019年12月31日，中国已成功备案慈善信托269单，合同金额规模超过29亿元。民政部全国慈善信息公开平台，2020年1月1日，http://cishan.chinanpo.gov.cn/biz/ma/csmh/e/csmheindex.html。

[③] 金锦萍：《慈善信托的规制之道——兼评〈慈善信托管理办法〉》，《中国社会组织》2017年第8期。

捐赠物资价值折合人民币1.1亿元，间接接收其他部门转入的捐赠物资折款0.7亿元，社会捐款10.3亿元。2017年有582.8万人次困难群众受益。① 下图是民政部统计的2010年至2017年慈善捐赠的数据。

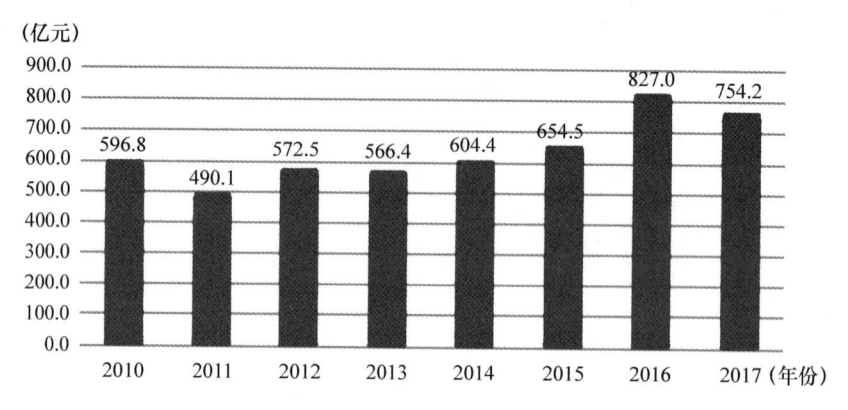

(亿元)

年份	金额
2010	596.8
2011	490.1
2012	572.5
2013	566.4
2014	604.4
2015	654.5
2016	827.0
2017	754.2

图 2-1 民政部门和社会组织共计接收社会捐款

然而，在实践中慈善捐赠面临着诸多问题。例如，呈现整体捐赠水平低、企业捐赠上升空间有限、公民捐赠疲软和境外捐赠下滑等突出问题。② 2011年出现的"郭美美"事件，对慈善组织的公信力又造成了很大的影响。可见，仅仅依靠慈善捐赠不能满足中国慈善事业发展的需求。

慈善信托具有如下优点：(1) 设立较简便。慈善信托的设立门槛较低，不存在设立慈善信托最低资金的要求，并且慈善信托依据信托文件设立即可，无须成立专门的组织机构。(2) 运作较灵活。慈善信托财产由受托人依据信托文件的规定进行管理、处分，不受慈善资金规模、存续期限等方面的限制，运作较灵活。(3) 有利于保障慈善财产的安全和增值。慈善信托财产既独立于委托人的财产，也独立于受托人的财产，这样，有利于保障慈善财产的安全。另外，慈善信

---

① 民政部：《2017年社会服务发展统计公报》，2020年6月1日，http://www.mca.gov.cn/article/sj/tjgb/2017/201708021607.pdf。

② 张强、韩莹莹：《中国慈善捐赠的现状与发展路径》，《中国行政管理》2015年第5期。

托的受托人通常为信托公司，而信托公司具有投资和管理财产的优势。信托公司对慈善财产进行专业化管理，有利于实现慈善财产的增值。综上所述，慈善信托可以弥补慈善捐赠的不足之处，成为与慈善捐赠并行的开展慈善事业的新方式。

二 促进公共利益的实现

中国《慈善法》第1条明确规定："为了发展慈善事业，弘扬慈善文化，规范慈善活动，保护慈善组织、捐赠人、志愿者、受益人等慈善活动参与者的合法权益，促进社会进步，共享发展成果，制定本法。"慈善信托是慈善活动的形式之一，对于促进公共利益的实现具有重要的价值。具体而言：其一，慈善信托有利于筹集慈善财产，用于公益活动。目前，国内具有慈善意愿的个人和企业一般只能通过向慈善组织捐赠或直接向受益人捐助的方式进行慈善活动，少数具备实力的个人和企业也可以自己发起设立非公募基金会，通过这种方式可以更好地实现自身的慈善意愿，但基金会的设立运作成本高，管理难度大，一般的个人和企业不愿意通过这种方式来开展慈善事业。[①] 慈善信托是开展慈善事业的一种新方式，为具有慈善意愿的个人和企业从事慈善活动提供了新的途径。如此，有利于筹集慈善财产，用于公益活动。其二，慈善信托有利于弘扬慈善文化。慈善信托有利于促进慈善文化的弘扬，其利于实现"守望相助、扶弱济贫"，使得"'善'开始具有了重要的社会与经济价值"[②]。由于慈善信托的设立较为简便，自然人、法人或非法人组织均可设立慈善信托，将信托财产交给自己信任的受托人进行管理和处分，以实现慈善目的，这为"人人可慈善"提供了良好的法律基础。另外，慈善信托的运作机制可以起到保障慈善财产安全的作用，有利于减少从事慈善活动的自然人、法人或非法人组织的担心，进而可以预防腐败、弘扬正气。

[①] 中国信托业协会：《慈善信托研究》，中国金融出版社2016年版，第75页。
[②] 王振耀主编：《中华人民共和国慈善法评述与慈善政策展望》，法律出版社2016年版，第3页。

第三章 慈善信托的设立制度

第一节 慈善信托的设立方式

一 信托合同

信托合同是指由委托人与受托人签订的由前者向后者提供信托财产以设立信托为内容的合同。以合同的成立是否须交付标的物或完成其他给付为标准，合同分为诺成性合同与实践性合同。其中，诺成性合同是指当事人各方的意思表示一致即可成立的合同；实践性合同是指除当事人意思表示一致之外，尚需要交付标的物或完成其他给付才能成立的合同。关于信托合同的性质为诺成性合同还是实践性合同，学者们存在着不同的观点。一种观点认为，信托合同属于诺成性合同。当事人达成合意并依法定形式订立后，信托合同即成立。信托合同一经订立，委托人就有义务将财产转移给受托人，受托人有义务接受信托财产，并依信托合同和信托法的规定，为受益人的利益管理、处分信托财产。另一种观点认为，信托合同属于实践性合同。除当事人之间意思表示一致之外，还需要交付标的物，信托合同方能成立。[1]

从其他国家和地区的立法来看，关于信托合同属于诺成性合同还是实践性合同，态度不尽一致。日本2006年的《信托法》将信托合同定性为诺成性合同。该法第3条关于信托的设立方法规定，信托可以采取信托契约的方式设立，即与特定人缔结以移转财产、设定担保

---

[1] 何宝玉：《信托法原理研究》（第2版），中国法制出版社2015年版，第123页。

或为其他处分予该特定人，且该特定人应基于一定的目的，为财产的管理、处分或其他欲达成该目的之必要行为之契约。该法第4条第1款进一步规定，以信托契约方法设立的信托，自信托契约签订时生效。这表明信托合同为诺成性合同，采取这一立场的理由是，在信托财产移转以前就有必要让受托人承担忠实等义务，在受托人利用和信托财产相关的信息取得利益之时就应让受托人承担违反忠实义务的责任。① 中国台湾地区"信托法"未明确规定信托合同属于诺成性合同还是实践性合同。对于该法第1条所规定的"称信托者，谓委托人将财产权移转或为其他处分，使受托人依信托本旨，为受益人之利益或为特定之目的，管理或处分信托财产之关系"，大多数观点认为这要求以信托契约方式设立信托，除须具有委托人与受托人之间的意思表示之外，还应当移转财产权，因此，信托契约属于实践性契约（要物契约）。②

中国《信托法》第8条第3款规定："采取信托合同形式设立信托的，信托合同签订时，信托成立。采取其他书面形式设立信托的，受托人承诺信托时，信托成立。"据此，由于信托合同的成立并不以转移信托财产为要件，信托合同应属于诺成性合同。将信托合同定性为诺成性合同与实践合同的法律意义在于：信托合同中转移信托财产的条款是否具有强制执行力。如将信托合同的性质确定为诺成性合同，则意味着只要委托人与受托人之间达成合意，委托人就应当将信托财产转移给受托人，而不得不予履行转移信托财产的义务。若将信托合同的性质确定为实践性合同，则表明转移信托财产的条款不具有强制执行力，委托人和受托人均可以反悔而不予履行。从稳定合同秩序和维护诚实信用原则的角度而言，将信托合同定性为诺成性合同较为妥当。

依据《慈善信托管理办法》第13条的规定，设立慈善信托，可

---

① ［日］能见善久：《日本新信托法的理论课题》，赵廉慧译，《比较法研究》2008年第5期。

② 张淳：《信托法哲学初论》，法律出版社2014年版，第253页。

以采取信托合同的形式。此处的慈善信托合同无疑应属于诺成性合同。就慈善信托而言,将其确定为诺成性合同更具有重要的意义。若允许委托人、受托人反悔而不予履行转移信托财产的条款,将不利于慈善目的的顺利实现。至于慈善信托合同的内容,《慈善信托管理办法》第 14 条规定:"慈善信托文件应当载明下列事项:(一)慈善信托名称;(二)慈善信托目的;(三)委托人、受托人的姓名或者名称、住所,如设置监察人,监察人的姓名或者名称、住所;(四)受益人范围及选定的程序和方法;(五)信托财产的范围、种类、状况和管理方法;(六)年度慈善支出的比例或数额;(七)信息披露的内容和方式;(八)受益人取得信托利益的形式和方法;(九)信托报酬收取标准和方法。除前款所列事项外,可以载明信托期限、新受托人的选任方式、信托终止事由、争议解决方式等事项。"与中国《信托法》第 9 条关于信托文件应当载明事项的规定相比较[1],可以发现,慈善信托合同应当载明的事项增加了以下内容:(1)慈善信托名称;(2)如设置监察人,监察人的姓名或者名称、住所;(3)信托财产的管理方法;(4)年度慈善支出的比例或数额;(5)信息披露的内容与方式;(6)信托报酬收取标准和方法。在慈善信托合同中增设上述内容具有合理性。这是因为:其一,与一般信托不同,慈善信托可以设立信托监察人。若一项慈善信托设立了信托监察人,则应当在信托合同中载明信托监察人的姓名或名称、住所。其二,受托人对慈善信托财产的管理和处分至关重要。如果受托人按照信托合同的约定管理和处分慈善信托财产,则有利于实现慈善信托的目的,保护广大受益人的利益。若受托人对慈善信托财产管理和处分不当,将会损害受益人的利益,进而影响慈善信托目的的实现。因此,在慈善信托合同中对信托财产的管理方法、年度慈善之处的比例或数额进行约

---

[1] 中国《信托法》第 9 条规定:"设立信托,其书面文件应当载明下列事项:(一)信托目的;(二)委托人、受托人的姓名或者名称、住所;(三)受益人或者受益人范围;(四)信托财产的范围、种类及状况;(五)受益人取得信托利益的形式、方法。除前款所列事项外,可以载明信托期限、信托财产的管理方法、受托人的报酬、新受托人的选任方式、信托终止事由等事项。"

定确有必要。其三，慈善信托涉及众多受益人的利益。由于慈善信托的受益人人数众多，为保障受益人的知情权、监督受托人履行义务，有必要在慈善信托合同中约定信息披露的内容与方式。其四，慈善信托的受托人通常为信托公司。由于信托公司是以营利为目的的法人，担任慈善信托的受托人属于其业务活动之一，因此，慈善信托合同中应约定受托人获取信托报酬的标准和方法。

二 信托遗嘱

依《慈善信托管理办法》第13条的规定，设立慈善信托，可以采取遗嘱的方式。关于以遗嘱方式设立信托，中国《信托法》第8条第3款、第13条作了具体规定。该法第8条第3款规定："采取其他书面形式设立信托的，受托人承诺信托时，信托成立。"据此，采取遗嘱设立信托的，需要受托人承诺，遗嘱信托方才成立。然而，该法第13条又规定："设立遗嘱信托，应当遵守继承法关于遗嘱的规定。遗嘱指定的人拒绝或者无能力担任受托人的，由受益人另行选任受托人；受益人为无民事行为能力人或者限制民事行为能力人的，依法由其监护人代行选任。遗嘱对选任受托人另有规定的，从其规定。"按照这一规定，设立遗嘱信托应遵守有关遗嘱的规定。而遗嘱是一种单方死因行为，遗嘱的成立并不需要其他人的承诺。可见，上述两个法律条文之间似乎存在着矛盾。

有的学者认为，遗嘱信托的成立不应取决于受托人是否承诺，遗嘱信托成立的时间应当是立遗嘱人死亡的时间。中国《信托法》第8条的规定似乎混淆了契约行为和单方行为，也和英美信托法上的"衡平法不允许信托因缺乏受托人而无效"（Equity will not allow a trust to fail for want of a trustee）的原则不符。[1] 也有学者认为，从法律性质上讲，遗嘱属于单方法律行为，只需要遗嘱人的意思表示即告完成。因为遗嘱仅仅是其遗产的分配方式之一，因此通过单方的

---

[1] 赵廉慧：《我国遗嘱继承制度背景下的遗嘱信托法律制度探析》，《法学杂志》2016年第8期。

意思表示能够实现该目的。但是，遗嘱信托将遗产作为信托财产，交由受托人管理，受托人负有诸多义务。因此遗嘱信托必须征得其同意方为可行，如果受托人拒担此任，则遗嘱信托设立人的遗产安排落空。① 还有的学者认为，遗嘱信托的成立适用继承法关于遗嘱有效性的规定，遗嘱成立时遗嘱信托同时成立，立遗嘱人死亡时遗嘱生效。遗嘱指定的受托人拒绝或无力担任受托人的，遗嘱信托虽已成立，但尚未生效，待指定的新受托人承诺信托时，遗嘱信托方生效。因此，受托人的承诺在立遗嘱人死亡前做出的，信托在立遗嘱人死亡时生效；受托人的承诺在立遗嘱人死亡后做出的，信托在受托人承诺时生效。②

日本2006年《信托法》第3条规定了遗嘱信托的设立方法。其内容为："以遗嘱的方式，规定向特定的人转让财产、设定担保权及其他的财产处理，以及规定该特定的人遵照一定的目的进行财产的管理或处分，以及其他为达成该目的所必需的行为。"另外，该法在第4条中明文规定，遗嘱信托"以该遗嘱生效而发生效力"。该法第5条还设定了对遗嘱指定为受托人的人发出信托承担催告的规定，第6条新设了法院选任遗嘱信托受托人的规定。在中国台湾地区，"信托法"第2条规定信托可以遗嘱方式设立，该法第46条还规定，"遗嘱指定之受托人拒绝或不能接受信托时，利害关系人或检察官得声请法院选任受托人。但遗嘱另有订定者，不在此限"。中国台湾地区学者认为，遗嘱信托依遗嘱人（委托人）的遗嘱而成立，自遗嘱人死亡时生效，而被指定为受托人的人是否接受信托乃其自由，如其接受信托，信托的效果始归属于被指定人，如其不接受信托，则按照"信托法"第46条的上述规定处理。③

笔者认为，鉴于遗嘱是遗嘱人为使其死亡后发生法律效力所为的

---

① 宋刚：《关于遗嘱信托的几点思考——以继承法修改为背景》，《北京师范大学学报》（社会科学版）2013年第3期。

② 王清、郭策：《中华人民共和国信托法条文诠释》，中国法制出版社2001年版，第20页。

③ 杨崇森：《信托法原理与实务》，三民书局2010年版，第70—71页。

无相对人的单方行为，而信托为遗嘱人处理遗产的方式，遗嘱信托应属于委托人的单方行为，且自委托人死亡时生效。就一般信托而言，若遗嘱指定的人拒绝接受担任受托人或不能担任受托人的，由受益人选任受托人，程序上较由法院选任受托人显得较为简单；受益人是委托人指定的享有信托利益的人，而且在信托存续期间，受托人管理和处分信托财产所获得的利益应交付给受益人，因此，由受益人来选任受托人也符合受益人的意愿。然而，慈善信托有所不同。慈善信托的受益人为不特定的社会公众，不能是委托人在信托文件中指定的具体的人，通常由委托人在信托文件中规定受益人的范围、条件和选择方法，受托人据此在社会公众中选择符合条件的人。可见，采取信托遗嘱方式设立慈善信托时，若委托人指定的受托人不接受或不能担任受托人，由受益人来选任受托人不具有可行性。因此，建议借鉴日本和中国台湾地区的做法，当遗嘱指定的人拒绝担任或不能担任受托人时，由利害关系人申请法院选任受托人较为妥当。

三 信托宣言

依照中国《信托法》第 8 条的规定，信托的设立方式有以下三种：合同；遗嘱；法律、行政法规规定的其他书面文件。《慈善信托管理办法》第 13 条重申了慈善信托采用上述三种方式设立。这意味着中国慈善信托立法不允许以信托宣言的方式设立慈善信托。所谓信托宣言，是指委托人自己成为受托人，宣言为他人管理或处分自己的财产权而设定信托的行为。[1] 然而，在实践中，已出现了慈善信托的委托人自己成为受托人的情形。据民政部全国慈善信息公开平台显示，这种情形例如：（1）2016 年设立的中航信托·天启 977 号爱飞客公益慈善集合信托计划。该信托的委托人为中航信托股份有限公司，受托人为中航通用飞机有限责任公司、中航信托股份有限公司。（2）2016 年设立的中国平安教育发展慈善信托计划。此信托的委托人为深圳市社会公益基金会和 8 位自然人，受托人为深圳市社会公益基金

---

[1] ［日］新井诚：《信托法》，刘华译，中国政法大学出版社 2017 年版，第 111 页。

会、含该8位自然人在内的28位自然人。(3) 2017年设立的中航信托·绿色生态慈善信托。该信托的委托人为中航信托股份有限公司,受托人为中航信托股份有限公司和中华环境保护基金会。(4) 2018年设立的重庆信托·春蕾圆梦慈善信托。这一信托的委托人为重庆国际信托股份有限公司、重庆路桥股份有限公司、重庆渝涪高速公路有限公司,受托人为重庆国际信托股份有限公司。(5) 2018年10月31日由江西省南昌市民政局备案的中航信托·青年返乡创业扶贫慈善信托中,委托人与受托人均为中航信托股份有限公司。此外,也有地方的民政部门对是否允许慈善信托的委托人自己成为受托人存在疑惑,从而对以此种方式设立的慈善信托尚未予以备案。例如,安徽省合肥市民政局对建信信托有限责任公司申请设立的"建信联合精准扶贫慈善信托"未予以备案。[①] 原因在于该信托的委托人为建信信托有限责任公司、建信人寿保险股份有限公司、建信基金管理有限责任公司等10家中国建设银行集团境内外子公司,而受托人则为委托人之一的建信信托有限责任公司。

  关于是否承认以信托宣言方式设立慈善信托,目前中国学界存在两种不同的观点。一种观点认为,中国应允许以信托宣言方式设立慈善信托。其理由主要包括:(1) 设立宣言信托没有理论上的障碍。(2) 宣言信托可降低设立信托的成本。一方面,委托人本身是受托人,因而不需要挑选受托人,可避免选择受托人支付的开支及受托人报酬;另一方面,宣言信托不需要转移信托财产,因转移财产而支付的费用和花费的精力也可免除。可见,在信托设立成本方面,宣言信托显然优于常态信托。(3) 信托财产不必实际转移,企业委托人仍可运用其创造收入支持福利活动。随着经济的增长和各类社会问题的出现,企业必然警觉不能再单纯仅对其顾客、股东负责,而对其员工、社会一般大众也负有一定的责任。因此,企业可采取宣言信托方

[①] 安徽省合肥市民政局:《关于"建信联合精准扶贫慈善信托"备案相关问题的请示》,2019年9月10日,http://www.hefei.gov.cn/xxgk/zcwj/szfbmwj/201809/t20180927_2646867.html。

第三章　慈善信托的设立制度

式，划出特定资产供员工及社会福利之用。① 另一种观点则认为，中国不应承认以信托宣言方式设立信托。主要因为：（1）若允许委托人成为受托人，则其容易隐匿财产，逃避债务。（2）委托人不需要转移财产权，为信托公示造成不便。（3）一旦宣言信托成立，则因为其财产的独立性，而免受任何人的强制执行，容易导致信托宣言的滥用。（4）信托的设立需要委托人向受托人有明确的意思表示，但在宣言信托下则不存在委托人向受托人为意思表示的可能。②

在其他国家和地区的信托法中，对以信托宣言方式设立慈善信托的态度有所差异。英国1925年《财产法》第53条第1款第（b）项规定："任何针对土地或权益的宣言信托，必须由宣称人签名的书面文件作为证明。"③ 美国2010年《统一信托法典》第401条也规定："信托可以通过下列方法设立：……（2）财产所有人宣告自己以受托人身份持有可识别的财产。"④ 日本2006年颁布的新《信托法》第3条要求设立宣言信托的财产所有人应在公证书、其他书面或电磁记录上载明信托事项。⑤ 可见，英美和日本等国家的信托法对以信托宣言方式设立慈善信托持完全肯定的态度。而在中国台湾地区，则允许一定条件下以信托宣言方式设立慈善信托。依中国台湾地区"信托

---

① 参见齐树洁、徐卫《我国宣言信托的立法认可与制度构建》，《江西社会科学》2006年第8期；赵磊《公益信托法律制度研究》，法律出版社2008年版，第133页；徐卫《慈善宣言信托制度构建研究》，法律出版社2012年版，第360页以下。

② 参见张军建《信托法基础理论研究》，中国财政经济出版社2009年版，第102—103页。

③ Law of Property Act §53（1）（b）: a declaration of trust respecting any land or any any interest therein must be manifested and proved by some writing signed by some person who is able to declare such trust or by his will.

④ 李宇译：《美国统一信托法典》，载梁慧星主编《民商法论丛》（第57卷），法律出版社2015年版，第808页。

⑤ ［日］新井诚：《信托法》，刘华译，中国政法大学出版社2017年版，第113页。日本《信托法》第3条第3款规定，信托以下列方法为之："特定人表示按一定的目的，对于自己所有的一定财产，应自为管理、处分或其他欲达成该目的之必要行为，并于公证书及其他书面或电磁记录（指以法务省令规定之电子、磁气或其他无法以人的知觉认识的方式作成的记录，供计算机处理信息使用。下同）上载明该目的、该特定财产之必要事项及其他法务省令规定之事项者。"

法"第 71 条第 1 款规定，法人为设立公益信托，应经决议对外宣言为委托人和受托人，并邀请公众加入为委托人。

笔者认为，中国对宣言信托应持审慎态度，以允许法人采取信托宣言方式设立慈善信托为宜。理由如下：第一，有利于鼓励慈善信托的设立。慈善信托以慈善活动为目的，法律应尽可能为其设立提供便利。若允许以信托宣言方式设立慈善信托，则委托人不必办理信托财产的转移手续和选任受托人，避免了由此带来的各项成本，有利于慈善信托的迅速设立。第二，有利于减少和避免宣言信托的弊端。相较于自然人、非法人组织而言，法人在设立条件、治理结构和财产管理等方面均有较高的要求。中国《民法总则》《公司法》等法律对法人的设立与运作设置了严格的规范。加之中国引入宣言信托制度之初，其适用范围不宜宽泛，以减少和避免宣言信托的弊端。第三，可满足慈善信托实践的需求。在实践中，已出现了法人担任慈善信托委托人和受托人的情形，且并未损害债权人的利益。立法应满足慈善信托实践的需求，对法人采取信托宣言方式设立慈善信托予以承认。至于法人以信托宣言方式设立慈善信托的具体方法，可借鉴其他国家和地区的立法例，以法人决议的方式对外宣称自己为慈善信托的委托人和受托人。而有学者所担心的承认宣言信托易使委托人隐匿财产和不便于信托公示的问题，则应通过健全受托人的分别管理义务加以解决。

第二节 慈善信托的公募问题

慈善信托的公募问题，是指慈善信托的受托人能否以公开募集资金的方式设立慈善信托。无论是中国《慈善法》还是《慈善信托管理办法》，对此均未加以明确规定。在理论上和实务中，对该问题存在着争议。一种观点认为，信托公司不可以针对不特定对象设立慈善信托；信托公司可以从事慈善信托，但由于信托公司的信托业务均是私募业务，由信托公司公开募集发起慈善信托违背信托业的本质要求；如果允许信托受托人公募，特别是信托公司公募，慈善信托即变成受托人发起的一个制度而非委托人发起的制度，有违信托制度本质；而且，如果允许此种公募，委托人和捐赠人的区别就变得微乎其微，如何在信托中体现委托人的意愿，如何让委托人行使监督等权能就成为问题。① 另一种观点认为，应当允许慈善信托公开募集资金，主要理由是：信托公司担任慈善信托的受托人进行公募，不违反《信托公司集合资金信托计划管理办法》的规定；如果慈善组织能以公募的方式开展慈善信托而信托公司却不能，这在制度安排上是不协调的；在慈善信托中，委托人只是具有慈善意愿的人，具体到慈善目的的确定，慈善需求的发现、汇集、满足或实现方式，作为机构的信托公司和慈善组织处于比较有利的地位，其扮演比较积极主动的角色是正常的。②

笔者赞成后一种观点，认为应当允许慈善信托受托人公开募集资金。理由如下。

其一，符合慈善信托的立法宗旨。中国《慈善法》第5条规定："国家鼓励和支持自然人、法人和其他组织践行社会主义核心价值观，弘扬中华民族传统美德，依法开展慈善活动。"《信托法》第61条也明确规定："国家鼓励发展公益信托。"允许慈善信托受托人公开募集资金，有利于增加慈善资金的来源，扩大慈善资金的规模，这与慈善信托立法的宗旨是相符合的。

其二，不违背现行立法的规定。中国《慈善法》第22条规定："慈善组织开展公开募捐，应当取得公开募捐资格。""法律、行政法规规定自登记之日起可以公开募捐的基金会和社会团体，由民政部门直接发给公开募捐资格证书。"可见，该法允许慈善组织公开募集捐款。而信托公司与慈善组织同为慈善信托的受托人，不应禁止信托公司公开募集慈善资金。另外，《信托公司集合资金信托计划管理办法》第5条、第6条将信托公司设立信托计划的委托人限定为"合格

---

① 参见顾磊《慈善信托：成功"抢滩"还是错位"登陆"？》，《人民政协报》2016年9月20日第3版。

② 参见张永《慈善信托的解释论与立法论》，中国法制出版社2019年版，第30页。赵廉慧："后〈慈善法〉时代"慈善信托制度的理论与实践》，《中国非营利评论》2017年第1期。

投资者",并对"合格投资者"的条件加以具体规定。① 然而,该规定的适用对象为私益信托、营利信托,而非慈善信托。

其三,实践中存在允许慈善信托公开募集的先例。早在 2008 年,原中国银监会办公厅就颁布了《关于鼓励信托公司开展公益信托业务支持灾后重建工作的通知》(银监办发〔2008〕93 号)。该通知的第 4 条规定:"信托公司设立公益信托,可以通过媒体等方式公开进行推介宣传。公益信托的委托人可以是自然人、机构或者依法成立的其他组织,其数量及交付信托的金额不受限制。"由于信托公司可以公开宣传,且委托人的数量以及交付信托的金额均不受到限制,这实际上表明允许信托公司公开募集公益信托的资金。《北京市慈善信托管理办法》第 32 条规定:"除经设立并依法备案,任何单位和个人不得以'慈善信托'名义公开募集资金。"该办法虽然没有明文规定慈善信托受托人可以公开募集资金,但依文义解释,若经依法设立并备案,有关单位和个人可以"慈善信托"名义公开募集资金。而《江苏省慈善信托备案管理暂行实施办法》第 9 条第 2 款则规定:"以公开募集方式设立的慈善信托,应当设置信托监察人。"

第三节 慈善信托备案的效力

中国《信托法》第 62 条要求设立公益信托必须经公益事业管理机构批准。由于该法未对公益事业管理机构的范围加以界定且对公益信托的设立采取严格的审批制,导致在实践中出现的公益信托项目数

---

① 《信托公司集合资金信托计划管理办法》第 5 条规定:"信托公司设立信托计划,应当符合以下要求:(一)委托人为合格投资者;(二)参与信托计划的委托人为唯一受益人;(三)单个信托计划的自然人人数不得超过 50 人,但单笔委托金额在 300 万元以上的自然人投资者和合格的机构投资者数量不受限制……"第 6 条规定:"前条所称合格投资者,是指符合下列条件之一,能够识别、判断和承担信托计划相应风险的人:(一)投资一个信托计划的最低金额不少于 100 万元人民币的自然人、法人或者依法成立的其他组织;(二)个人或家庭金融资产总计在其认购时超过 100 万元人民币,且能提供相关财产证明的自然人;(三)个人收入在最近三年内每年收入超过 20 万元人民币或者夫妻双方合计收入在最近三年内每年收入超过 30 万元人民币,且能提供相关收入证明的自然人。"

量很少，公益信托制度未能获得充分运用。① 为避免这种现象的再度发生，中国《慈善法》第 45 条第 1 款明确规定受托人应将慈善信托文件向其所在地县级以上民政部门备案，且《慈善信托管理办法》第 15 条第 1 款重申了这一规定。2016 年民政部、原银监会发布的《关于做好慈善信托备案有关工作的通知》（民发〔2016〕151 号）对慈善信托备案作出了具体规定。关于备案管辖机关，该通知规定："信托公司担任慈善信托受托人的，由其登记注册地设区市的民政部门履行备案职责；慈善组织担任慈善信托受托人的，由其登记的民政部门履行备案职责。信托公司设立慈善信托项目实行报告制度，新设立的慈善信托项目应当在信托成立前 10 日逐笔向银行业监督管理机构报告。"关于备案的程序，该通知要求："慈善信托受托人按照《慈善法》规定向民政部门提出备案申请的，应提交以下书面材料：1. 备案申请书（格式见附件1）。2. 委托人身份证明（复印件）。3. 担任受托人的信托公司的金融许可证或慈善组织的社会组织法人登记证书（复印件）。4. 信托合同、遗嘱或者法律、行政法规规定的其他书面信托文件。信托文件至少应载明以下内容：（1）慈善信托的名称；（2）慈善信托的慈善目的；（3）委托人、受托人的姓名、名称及其住所；（4）不与委托人存在利害关系的不特定受益人的范围；（5）信托财产的范围、种类、状况和管理方法；（6）受益人选定的程序和方

---

① 中国《信托法》2001 年实施以后至 2016 年《慈善法》生效之前，实践中出现的公益信托仅有 10 项。具体如下：2008 年 6 月西安国际信托有限公司设立的"西安信托 5·12 抗震救灾公益信托计划"、2008 年 12 月百瑞信托有限责任公司设立的"郑州慈善（四川灾区及贫困地区教育援助）公益信托计划"、2009 年 9 月重庆国际信托股份有限公司设立的"金色盾牌·重庆人民警察英烈救助基金公益信托计划"、2011 年紫金信托有限责任公司设立的"紫金信托'厚德'系列公益信托计划"、2013 年 11 月长安国际信托股份有限公司设立的"长安信托·奖学金公益信托计划"、2014 年 9 月湖南省信托有限责任公司设立的"湘信·善达农村医疗援助公益信托计划"、2014 年 11 月国民信托有限公司设立的"爱心久久——贵州黔西南州贞丰四在小学"公益信托计划、2015 年 11 月长安国际信托股份有限公司设立的"大爱长安·陕西银行业普惠金融扶贫慈善信托"、2015 年 12 月中原信托有限公司设立的"中原信托—乐善 1 期—善行中原公益信托计划"、2016 年 1 月厦门国际信托有限公司设立的"乐善有恒公益信托"等。参见中国信托业协会编著《慈善信托研究》，中国金融出版社 2016 年版，第 111—112 页。

法；（7）信息披露的内容和方式；（8）受益人取得信托利益的形式和方法；（9）受托人报酬；（10）如设置监察人，监察人的姓名、名称及其住所。5. 开立慈善信托专用资金账户证明、商业银行资金保管协议。6. 其他材料。以上材料一式四份，提交民政部门指定的受理窗口。申请备案材料符合要求的，由民政部门当场出具备案回执（见附件2）；对于不符合要求的，应当一次告知受托人补正相关材料。"

值得肯定的是，《慈善法》和《慈善信托管理办法》对慈善信托备案的规定不仅确定了慈善信托的管理机构，而且放松了对设立慈善信托的行政干预，便于慈善信托的设立。然而，若设立慈善信托时，受托人未向民政部门办理信托备案，是否影响慈善信托的生效呢？对此，无论是中国《慈善法》还是《慈善信托管理办法》均未予以明确规定。关于设立慈善信托时受托人未向民政部门办理信托备案的法律后果，《慈善法》第45条第2款和《慈善信托管理办法》第15条第2款仅作出了"不享受税收优惠"的规定。目前，学界和实务界对该问题存在两种不同的观点。一种观点认为，设立慈善信托应办理信托备案，未办理信托备案的，慈善信托不能生效。其理由主要包括：《慈善法》第45条第1款使用的措辞为受托人"应当"将慈善信托文件向民政部门备案，此为条件性要求；备案表明民政部门对慈善信托的监管，为促进慈善信托的规范开展，设立慈善信托必须备案。[①] 另一种观点则认为，慈善信托备案仅为确认已设立信托的事实，而不是慈善信托的生效要件。其理由主要在于：从民政部和原银监会发布的《关于做好慈善信托备案有关工作的通知》（民发〔2016〕151号）以及各地慈善信托备案的实践来看，慈善信托备案不涉及审查"公益性"的内容，只要申请材料符合条件，当场可获得备案回执。这表明备案只是对已设立慈善信托的确认，而不是慈善信托的生效要件。[②]

[①] 参见周贤日《慈善信托：英美法例与中国探索》，《华南师范大学学报》（社会科学版）2017年第2期；赵廉慧《"后〈慈善法〉时代"慈善信托制度的理论与实践》，《中国非营利评论》2017年第1期；中国信托业协会编著《慈善信托研究》，中国金融出版社2016年版，第89页。

[②] 参见谢舒《慈善信托"滩头"之探》，《中国慈善家》2016年第9期。

笔者认为，信托备案为慈善信托享受税收优惠的条件，并非慈善信托的生效要件。理由如下：其一，依文义解释，慈善信托备案是受托人的一项义务，是否备案不影响慈善信托的生效。诚然，中国《慈善法》第45条第1款、《慈善信托管理办法》第15条第1款规定受托人"应当"将信托文件向民政部门备案，此为强制性规范的用语，但这仅意味着法律规范为受托人设定了办理备案的义务，而不表明慈善信托未经备案的，将不能生效。且从《慈善法》第45条第2款、《慈善信托管理办法》第15条第2款的规定来看，慈善信托不备案的法律后果是"不能享受税收优惠"，而不是慈善信托不生效。其二，若将备案作为慈善信托的生效要件，不利于鼓励慈善信托的设立。鼓励设立慈善信托是国家促进慈善事业发展的重要举措。[①]《慈善法》《慈善信托管理办法》均鼓励和支持民事主体设立慈善信托，开展慈善活动。[②] 基于慈善信托有助于公共利益的功能，立法应使其容易设立，进而鼓励社会资源用于公益目的。[③] 若将备案作为慈善信托的生效要件，民政部门则需对信托文件进行实质性审查，这无疑加大了慈善信托设立的难度。特别是对信托财产规模较小的慈善信托而言，委托人和受托人极可能均无意享受税收优惠，法律要求其必须办理信托备案慈善信托方可生效，显得并非必要。此外，考察其他国家和地区的慈善信托立法可知，英美法系对慈善信托的设立采取准则主义，而大陆法系对设立慈善信托实行许可主义。根据2011年英国《慈善法》的规定，设立慈善信托应向慈善委员会（Charity Commissioners）申请登记，但依法豁免登记的慈善信托例外。[④] 美国大多数州的慈善法规定，慈善信托应向州的总检察长（Attorney General）进行登记。例

[①] 2014年12月18日国务院发布的《关于促进慈善事业健康发展的指导意见》（国发〔2014〕61号）明确指出"鼓励设立慈善信托，抓紧制定政策措施"。
[②] 中国《慈善法》第5条、《慈善信托管理办法》第4条。
[③] 方嘉麟：《信托法之理论与实务》，中国政法大学出版社2004年版，第214页。
[④] Charity Act 2011, Part 4, Section 30. 豁免登记的慈善包括：（1）属于该法规定的"豁免慈善"的。（2）特殊令状或法规豁免的慈善。（3）既没有永久性捐赠、每年的收入不超过15英镑，而且没有使用和占用任何土地的慈善。其中，第（1）项所称"豁免慈善"，主要涉及大学、博物馆、艺术馆等。

如，加利福尼亚州规定，慈善信托的受托人应就总检察长所规定的事项，在承受信托财产起6个月内，向总检察官呈交信托文件的副本，提出慈善信托的设立申请。① 不过，在这些国家登记均不是慈善信托的生效要件，其意义在于享受税收优惠和向社会公众披露信息。② 日本、韩国和中国台湾地区的信托法要求慈善信托的设立应经主管机关批准，否则，慈善信托不生效。③ 但近年来，已有日本学者主张，慈善信托的设立经主管机关许可的优点仅在于确认"公益"性和获得税收优待；即使没有主管机关的许可，也不能否认设定慈善信托的效力。④ 中国台湾地区也有学者认为，许可制使慈善信托的设立不如私益信托容易，此立法政策的妥当性值得考虑。⑤ 这些学者的观点和英美慈善信托设立的立法例值得中国参考。

需要指出的是，不将信托备案作为慈善信托的生效要件，并不意味着放任慈善信托的自由设立和运作。为促进慈善信托的规范发展，中国《慈善法》第48条第2款和《慈善信托管理办法》第49条均要求慈善信托的受托人定期将慈善信托的运作状况向民政部门报告，并向社会公开；《慈善法》第92条还授权民政部门对慈善活动进行监督检查；等等。这些制度已体现了民政部门对慈善信托的监管。

---

① 赵磊：《公益信托法律制度研究》，法律出版社2008年版，第138页。
② 何宝玉：《信托法原理研究》（第2版），中国法制出版社2015年版，第487—488页。
③ 日本《关于公益信托的法律》第2条第1款规定："信托法第258条第1款规定的未限定受益人的信托中，学术、技艺、慈善、祭祀、宗教及其他以公益为目的的信托，其受托人未经主管机关批准不发生效力。"韩国《信托法》第66条规定："接收公益信托时，受托人须得到主管官署的许可。"中国台湾地区"信托法"第70条规定："公益信托之设立及其受托人，应经目的事业主管机关之许可。"
④ ［日］新井诚：《信托法》，刘华译，中国政法大学出版社2017年版，第367页。
⑤ 方嘉麟：《信托法之理论与实务》，中国政法大学出版社2004年版，第220页。

第四章　慈善信托的受托人制度

第一节　慈善信托受托人的资质

一　自然人担任慈善信托的受托人

依中国《慈善法》第46条、《慈善信托管理办法》第9条的规定，慈善信托的受托人可以为慈善组织或信托公司。慈善组织具备较好的慈善项目运作经验，而信托公司拥有较强的财产管理能力，由其担任慈善信托的受托人固然妥当。在实践中，有的慈善信托项目甚至将慈善组织和信托公司作为共同受托人。例如，中信信托·农银2018玉爱慈善信托的受托人由广东省一心公益基金会和中信信托有限责任公司共同担任。但有疑问的是，自然人可否担任慈善信托的受托人？对此，学界存在不同的观点。一种观点认为，自然人可以担任慈善信托的受托人，因为中国《慈善法》第46条使用的是"可以"一词，并未禁止自然人担任慈善信托的受托人。[1] 另一种观点则认为，慈善信托的受托人只能为慈善组织或信托公司，其理由是慈善组织和信托公司具有公信力，能保障慈善资金的安全和增值。[2]

笔者认为，符合一定条件的自然人可以担任慈善信托的受托人。理由如下：首先，从法律适用的角度看，中国《慈善法》第50条规定，关于慈善信托的当事人等事项，该法未规定的，则适用《信托

---

[1] 赵廉慧：《"后〈慈善法〉时代"慈善信托制度的理论与实践》，《中国非营利评论》2017年第1期。
[2] 周贤日：《慈善信托：英美法例与中国探索》，《华南师范大学学报》（社会科学版）2017年第2期。

法》的相关规定。既然《慈善法》对自然人、其他组织担任慈善信托的受托人未加以规定，则应适用《信托法》关于受托人的规定。而中国《信托法》第 24 条允许自然人担任受托人。其次，从尊重委托人的意愿角度看，不宜禁止自然人的慈善信托受托人资格。委托人之所以将信托财产交给受托人管理处分，是基于对受托人的信任。若自然人具备妥善管理和处分信托财产的能力，获得了委托人的信任，法律似不必干涉其担任受托人的资格。最后，从其他国家和地区的立法例看，均不排除自然人担任慈善信托的受托人资格。例如，在英国，1993 年之前，有资格担任私益信托受托人的人均可担任慈善信托的受托人，尽管 1993 年《慈善法》列出了不得担任慈善信托受托人的清单，但并未禁止自然人的慈善信托受托人资格。[①] 在日本，《信托法》从行为能力和财产管理能力上对受托人的资格加以限定，也不排除自然人担任慈善信托的受托人。[②] 至于自然人担任慈善信托受托人的条件，应包括具有完全民事行为能力、无不良信用记录、具备管理慈善信托财产的能力等。

二　信托公司担任慈善信托受托人

中国《慈善法》第 46 条规定："慈善信托的受托人，可以由委托人确定其信赖的慈善组织或者信托公司担任。"由信托公司担任慈善信托的受托人具有何种优势，面临哪些障碍，如何合理设计信托公司开展慈善信托的模式？下文拟对这些问题进行研究。

（一）信托公司开展慈善信托的优势

目前，基金会作为接受捐赠并进行管理的非营利性组织在公益事业中发挥了积极作用，根据国内有关调查，基金会开展的慈善项目在 2014 年就达到 16734 个，涉及扶贫、教育、救灾、医疗、科研等各个领域。[③] 然而，目前很多基金会无论在理论上还是实践中都仍存在

---

① 何宝玉：《信托法原理与判例》，中国法制出版社 2013 年版，第 309 页。
② 参见日本《信托法》第 7 条。
③ 中国信托业协会编著：《慈善信托研究》，中国金融出版社 2016 年版，第 134 页。

缺陷，这主要包括基金会投资运用财产的水平和经验较为欠缺，对募集资金的监督管理较为薄弱等。这样致使在实践中基金会的地位和功能时常受到质疑，从而阻碍了基金会和慈善活动的健康运行。

同时，随着企业、个人的捐赠行为日益活跃，一些企业、大学也纷纷设立基金组织进行公益活动，特别是2008年5·12汶川地震发生后，民间捐款超过450多亿元。但这些基金多为民间组织，未按照规定在民政部门登记注册，其管理和使用捐赠物资的能力更欠专业。强烈的公益需求和现有公益机构的缺陷对公益基金的管理和使用提出了更高的要求，彰显出中国的公益事业任重而道远。如上所述，中国《慈善法》第46条规定了信托公司可以从事慈善信托活动。据此，信托公司可以担任慈善信托的受托人，这为信托公司发展慈善信托提供了法律基础。

信托公司开展慈善信托具有如下优势。

第一，专业化管理。信托公司是专门从事财产管理活动的机构，具有一批专业管理人士。由信托公司开展慈善信托，有利于促进信托财产的保值增值，实现公益目的。

第二，信托业务成熟。信托公司是以营利为目的的经营组织，其以信托业务为主业，熟悉和精通信托业务的运作。而信托公司开展慈善信托，也是运用信托原理进行的。可见，由信托公司开展慈善信托，有利于慈善信托的顺利进行。

第三，监管体系完善。信托公司从事信托业务须遵守严格的法律规范，中国《信托法》等法律法规对信托公司的权利、义务等均作了明确规定。信托公司开展慈善信托也应当以这些规定为依据，这样，有利于慈善活动的健康开展。

（二）信托公司开展慈善信托的现状

在中国《慈善法》颁布之前，信托公司陆续设计或推出了具有慈善性质的信托产品。例如，2005年1月中融信托投资有限公司推出的"中华慈善公益信托"；2004年2月和2006年2月云南省国际信托投资有限公司发行的"爱心成就未来——稳健收益型集合资金信托计划"；2007年8月重庆国际信托投资有限公司发行的"爱心满中华集合资金信托计划";2007年8月北京国际信托投资有限公司推出的"同心慈善1号新股申购集合资金信托计划";2008年5月金港信托有限责任公司发行的"四川灾区赈灾公益信托计划";2008年6月衡平信托有限责任公司推出的"爱心系列"信托理财产品;2008年8月中信信托有限责任公司推出的"中信开行爱心信托"以及2008年10月百瑞信托有限责任公司发行的"郑州慈善公益信托计划"。

上述具有慈善性质的信托产品中,仅有"中华慈善公益信托"的信托目的具有单一公益性,从性质上分析,其当属慈善信托。其余的信托产品虽然具备了慈善信托的某些特征,但由于其信托目的具有复合性,因此并非完全意义上的慈善信托。换言之,这些信托计划的委托人设立信托的目的首先是获利。例如,2004年2月"爱心成就未来——稳健收益型集合资金信托计划"开始面向社会推介。该信托计划的信托文件规定,信托计划期限为2年,信托利益中一部分由受益人享有,其余的部分才用于助学行动。

2005年,经民政部和中国银监会的批准,中融信托投资有限公司获得推出了"中华慈善公益信托"。信托财产运作的收益全部用于"残疾孤儿手术康复明天计划"。"残疾孤儿手术康复明天计划"为民政部在全国实施的一项慈善工程,主要为在社会福利机构中18岁以下具有手术适应症的残疾孤儿进行手术矫治和康复。[①] 不过遗憾的是,"中华慈善公益信托"的运作状况不得而知,目前尚无公开的资料可以查阅。

自2016年9月中国《慈善法》实施以来,已有信托公司陆续设立了慈善信托计划。例如,国投泰康信托公司设立的"2016年国投慈善1号慈善信托""2016年真爱梦想1号教育慈善信托";中航信托股份有限公司设立的"爱飞客慈善集合信托计划";中国平安信托有限责任公司设立的"中国平安教育发展慈善信托计划";长安国际信托股份有限公司设立的"长安慈——山间书香儿童阅读慈善信托";

---

① 赵磊:《公益信托法律制度研究》,法律出版社2008年版,第199页。

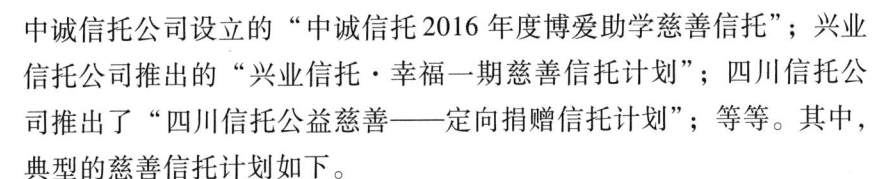

中诚信托公司设立的"中诚信托2016年度博爱助学慈善信托";兴业信托公司推出的"兴业信托·幸福一期慈善信托计划";四川信托公司推出了"四川信托公益慈善——定向捐赠信托计划";等等。其中,典型的慈善信托计划如下。

1. 抗击新冠疫情慈善信托

新冠疫情发生以来,紫金信托有限责任公司先后设立了"紫金信托·厚德博爱抗击疫情助医慈善信托""紫金信托·厚德博爱抗击疫情社区帮扶慈善信托""紫金信托·厚德博爱中日友好抗击疫情慈善信托"。其中,"紫金信托·厚德博爱抗击疫情助医慈善信托"的委托人为南京市慈善总会,受托人为紫金信托有限责任公司,信托目的是关爱参与新冠病毒疫情防控的一线医护人员,剩余资金将用于医疗科研、医护人员关爱等目的。"紫金信托·厚德博爱抗击疫情社区帮扶慈善信托"的委托人为南京市慈善总会,受托人为紫金信托有限责任公司,信托目的在于关爱参与新冠疫情防控的社区工作者,支持疫情后期的公共卫生事业。"紫金信托·厚德博爱中日友好抗击疫情慈善信托"的委托人为日本三井住友信托银行股份有限公司上海分行,受托人为紫金信托有限公司和南京市慈善总会。信托目的为用于武汉雷神山医院疫情救治所需物质的购买以及向在武汉雷神山医院参与疫情救治的一线医护人员提供关爱金和保障金。

2. 中信信托2019江平法学教育慈善信托

2019年3月25日,中信信托2019江平法学教育慈善信托在北京市民政局备案。该信托的委托人为北京市希望公益基金会,受托人为中信信托有限责任公司,信托监察人为崔琦、董龙芳、北京平商律师事务所,信托财产规模为236.62万元。该慈善信托的目的在于促进民商法学教育及法学研究的水平。该慈善信托为全国首支专项支持法学教育的慈善信托,具有如下特征:一是永续性,项目在募集到一定金额后,本金不发生变化,通过投资收益覆盖奖学金的支出需求。二是广覆盖,目前纳入受益人范围的有政法大学、清华、浙大、北大、武大等法学院的学生,未来范围还有可能进一步扩大。三是开放性,该慈善信托未来资助的方向可以是学生,也可以是学者。

3. 鲁冠球三农扶志基金慈善信托

该慈善信托的委托人为鲁伟鼎，受托人为万向信托股份公司，信托财产总规模为委托人持有的万向三农集团有限公司的股权（对应出资额6亿元），信托目的是"让农村发展、让农业现代化、让农民富裕，以影响力投资、以奋斗者为本、量力而行做实事"，开展扶贫、救济、扶老、恤病、助残、优抚、救灾等慈善活动，促进教育、科技、文化、卫生、体育、环保等事业发展。信托监察人是鲁冠球之孙鲁泽普。

该慈善信托的信托财产可以运用于银行存款、政府债券、中央银行票据、金融债券和货币市场基金等低风险资产以及其他符合条件的投资标的。该慈善信托自成立之日起永久存续，除非出现法定的终止事由。

4. 中国平安教育发展慈善信托

深圳市社会公益基金会和平安保险（集团）有限公司的8名高管（自然人）作为委托人，中国平安信托公司作为受托人，慈善项目执行人为深圳市社会公益基金会。该信托计划专注于教育领域的慈善事业，规模1000万元，不设置预计存续期限，可永久存续，资金全部来自平安集团、下属子公司的自有资金及内部员工的捐赠。为实现慈善资金的保值增值，平安信托公司将对信托投资采取相对保守的投资策略。该信托计划设立了信托管理理事会，理事会由受托人内部管理成员、委托人代表及社会公益知名人士组成，就信托资金的使用、慈善项目安排等事项进行集体决策。

（三）信托公司开展慈善信托的模式

目前，中国信托公司开展慈善信托存在不少障碍。首先是传统文化的影响。从慈善信托的起源看，主要是受英美法国家传统文化的影响。英美国家不仅私益信托发达，而且慈善信托也甚为发达。这既有历史原因，也有现实原因。在历史上，英国人就习惯于死后将财产捐献于教会，以弘扬宗教精神。从现实层面考察，英美对慈善信托都采取税收优惠政策从而鼓励人们将财产捐赠于公益事业，而信托本身的设计又可使人们通过慈善信托实现其特定的价值观念。而中国传统观念中财产由长子继承等,与信托制度管理他人财产的观念不相符合。而且中国在历史上长期是中央集权制的封建国家,人们对行政权力十分崇拜和依赖。在发展慈善信托时,人们习惯性地指望行政机关来实施。其次是人们认识上的不足。信托制度引入中国的时间不长,无论是社会公众还是政府部门,都尚未充分认识和重视慈善信托。不少人对慈善信托的运作不了解,不愿或不敢利用信托形式开展慈善活动。最后是慈善信托法律制度的障碍。中国《慈善法》仅有7个条文规定了慈善信托,《信托法》也只对公益信托作了原则性规定,导致法律规定缺乏可操作性而难以适用。如按照中国《信托法》的规定,公益信托应当设置监察人,但对信托监察人的任职资格、权利、义务和责任等问题只字未提,无法保证信托监察人制度的有效运行。

可见,目前中国单纯由信托公司开展慈善信托较为困难。可供选择的模式是由基金会等公益组织与信托公司进行合作开展慈善信托。具体构想有如下几方面。

第一,由基金会、学校、医院等公益组织将其接受的捐款等财产委托给信托公司进行管理和处分。由于信托公司以从事营业信托为主,慈善信托财产的筹集渠道十分有限,要求其通过接受捐赠等方式获得慈善信托财产比较困难,而现有的基金会、学校、医院等公益组织又拥有一定的公益财产,因此,由基金会、学校、医院等公益组织作为委托人、信托公司作为受托人,彼此合作开展慈善信托较为妥当。信托公司可以利用其专业优势,发挥组合投资、分散风险的方法,将信托财产投向能预期获得收益的对象,以获取较好的收益。

第二,由商业银行代为保管信托财产。为防止信托公司将慈善信托财产挪作他用,或任意使用慈善信托财产,损害受益人利益,有必要将慈善信托财产交由商业银行保管。

第三,选择合适的自然人或法人作为信托监察人。依照中国《信托法》的规定,公益信托应当设立信托监察人。中国《慈善法》第49条第1款也规定:"慈善信托的委托人根据需要,可以确定信托监察人。"由于信托公司对慈善信托财产的管理涉及投资,考虑到慈善信托监察人监督受托人的投资行为,将涉及法律与会计问题,因此,由律师或会计师担任慈善信托监察人为宜。

第四，信托公司委托基金会、学校、医院等公益组织进行信托利益的使用。由于基金会、学校、医院等公益组织熟悉受益人的情况，由信托公司将信托财产所生的利益交由这些公益组织进行使用，能更好地满足受益人的需要。

第二节　慈善信托受托人的分别管理义务

一　信托受托人分别管理义务的一般分析

信托受托人的分别管理义务是信托法中的一个重要问题和难点问题。因为，分别管理义务直接关涉信托财产独立性的实现，而信托财产独立性系信托制度区别于其他财产管理制度的关键所在；如果对此项义务的设置不合理，将可能导致受托人滥用管理信托财产的权利或者在不同信托财产间有不公平管理的事情。故而各国和地区的信托法无不严谨规范，以昭慎重。中国《信托法》第29条和第27条第2款有关"受托人必须将信托财产与其固有财产分别管理、分别记账，并将不同委托人的信托财产分别管理、分别记账"以及"受托人将信托财产转为其固有财产的，必须恢复该信托财产的原状；造成信托财产损失的，应当承担赔偿责任"之规定，即为上述意旨而设。不过，上述所谓"分别管理、分别记账"的内涵为何，有待研究；受托人分别管理义务与信托公示之关系如何，有探讨之空间；受托人必须"将不同委托人的信托财产分别管理、分别记账"是否妥当，存有疑虑；受托人违反分别管理义务的法律效果之规定是否合理，值得商榷。鉴于此，笔者拟结合两大法系信托法的相关规定及学理研究，就上述问题略陈管见，以期对中国信托立法的完善和信托实务运作有所裨益。

（一）信托受托人分别管理义务的内涵

依中国《信托法》第29条的规定，受托人必须将信托财产与其固有财产以及不同委托人的信托财产"分别管理、分别记账"。但何谓"分别管理、分别记账"，该法却没有明文规定。不过，根据《信托公

第四章 慈善信托的受托人制度

司集合资金信托计划管理办法》第18条关于"信托计划成立后，信托公司应当将信托计划财产存入信托财产专户"的规定可知，对集合资金信托而言，设立信托财产专户即为受托人将其固有财产与信托财产分别管理的方法。至于单一资金信托和以资金以外的其他财产设立的信托，受托人如何分别管理信托财产，在中国信托立法上无明确规定。

考察两大法系的信托法，关于受托人分别管理义务的内涵存在着差异。在英国，受托人的分别管理义务意味着受托人应将信托财产与其固有财产以及其他信托的信托财产相分离和为必要标示，除非其获得授权，才可将信托财产与其他信托的信托财产相混合而置于一个独立的资产集合中。[1] 在美国，《统一信托法》第810条第（b）款、第（c）款规定："受托人应将信托财产与固有财产，分别管理。""除非依第（d）款另有规定，受托人应标示信托财产，使信托利益在可行的范围内呈现于受托人或受益人之外的第三人所持有的记录上。"《信托法重述》（第3版）第84条明确规定，"受托人负有指定或标示信托财产的义务，并应使信托财产与自己的固有财产分离且在可行的范围内，对该信托财产与其他信托的信托财产加以分离"。可见，英美信托法受托人的分别管理义务，包含将信托财产与受托人的固有财产以及其他信托的信托财产相分离、将信托财产为标示两个方面的内容。而在日本新《信托法》中，按第34条第1项前段规定，受托人的分别管理义务是指"信托财产与固有财产及与其他信托的信托财产之间，应依财产之区分而分别管理"。至于受托人如何分别管理信托财产，该条还进一步作了如下列举式的规定：（1）对应为信托登记或登录的财产，分别管理的方法为该信托的登记或登录。（2）对不能为信托登记或登录的财产，若其为动产（金钱除外），应以外观上可区别为属于信托财产的财产、固有财产以及其他信托的信托财产之方法为分别管理的方法；若其为金钱或上述所列动产以外的财产，

---

[1] David Hayton, *The Law Of Trusts*, Sweet & Maxwell, 4th edition, 2003, p. 141; David Hayton and Charles Mitchell, *Commentary And Cases On The Law Of Trusts And Equitable Remedies*, Sweet & Maxwell, 12th edition, 2005, p. 159.

以促使其计算更加明确清楚的方法为分别管理的方法。（3）对法务省令规定的财产，以法务省令规定的方法为分别管理的方法。①中国台湾地区"信托法"在第24条第1项则对受托人分别管理义务的内涵作了规定，即"受托人应将信托财产与其自有财产及其他信托财产分别管理。信托财产为金钱者，得以分别记账方式为之"。可见，该法仅对金钱信托设定了分别管理的方法，而对其他财产设立的信托和受托人如何分别管理信托财产，并无明文规定。

相较而言，英美信托法将受托人分别管理义务的内涵确定为将信托财产与受托人的固有财产以及其他信托的信托财产为分离和对信托财产为标示两个方面的内容，有利于确保信托财产独立性这一受托人分别管理义务之立法意旨的彻底实现，值得肯定。但其未对受托人如何"分离"和"标示"信托财产作详细规定，仅用"必要"或"可行的范围内"加以概括，则不利于客观地判断受托人是否善尽分别管理义务。日本旧《信托法》与中国台湾地区"信托法"关于受托人分别管理信托财产方法的规定相似，除了以分别记账的方式标示作为信托财产的金钱外，对其他信托财产分别管理的方法未设具体规定。在学界，有学者主张如信托财产属于非代替物时，因在交易上注重其物之个性，无法以同种类、同品质、同数量之他物相代替，自不需有特别的分别管理方法，而如信托财产属于代替物时，因在交易上仅着眼于该物所属的种类，得以同种类、同品质、同数量之他物相代替，故必须与其他财产为物理分离而保管之，或于信托财产上打刻其为信托财产之标记。②也有学者认为分别管理义务并非信托制度本质上的要求，只不过为期能达到保护受益人利益的目的，始特别予以例示，因此，在判断受托人是否善尽分别管理义务时，应依信托目的及当时社会的一般观念，加以综合判断。③但日本新《信托法》则如上所述

---

① 日本三菱日联信托银行编著：《日本信托法制与实务》，台湾金融研训院2009年版，第91页。

② 参见刘春堂《论信托财产之分别管理》，《辅仁法学》1998年第1期。

③ 参见赖源河、王志诚《现代信托法论》（增订三版），五南图书出版股份有限公司2003年版，第106页。

区分不同的信托财产,明确规定受托人分别管理的不同方法,显然有利于受托人分别管理的义务,以杜疑义。

综上所述,笔者认为,中国《信托法》可参酌英美信托法关于受托人分别管理义务的内涵,将其界定为受托人应将信托财产与其固有财产以及不同信托的信托财产相分离和将信托财产为标示,同时采鉴日本新《信托法》有关受托人分别管理信托财产方法的规定,根据信托财产的不同类型,规定受托人分别管理信托财产的方法。

(二) 信托受托人的分别管理义务与信托公示的关系

所谓信托公示,是指于一般财产权变动等的公示外,再规定一套足以表明其为信托的特别公示。质言之,在制度构造上,可谓其系在一般财产权等的公示方法之外,再予以加重其公示的表征。[1] 中国《信托法》第 10 条关于"设立信托,对于信托财产,有关法律、行政法规规定应当办理登记手续的,应当依法办理信托登记。未依照前款规定办理信托登记的,应当补办登记手续;不补办的,该信托不产生效力"即为对信托公示所做的规定。尽管该规定与日本新《信托法》第 14 条、中国台湾地区"信托法"第 4 条有关信托公示的规定内容上有所不同,例如,日本新《信托法》第 14 条规定:"以不登记或不登录就无法以权利的得失或变更对抗第三人的财产设立信托的,不为信托登记或登录,不得以该财产为信托财产对抗第三人。"但这些信托法都具有的一个共同特点在于在受托人的分别管理义务之外,再设计一套信托公示制度,换言之,将受托人的分别管理义务与信托公示予以分别立法。考其立法意旨,不外乎为确保信托财产的独立性,信托法设有诸多强行规定,例如信托财产不属于受托人的破产财产、对信托财产不得强制执行等,这些规定均关系交易第三人的利害,因此,为保护交易安全与第三人的利益,设计了一套信托公示制度。[2]

---

[1] 王志诚:《信托法》(2011 最新版),五南图书出版股份有限公司 2011 年版,第 120 页。

[2] 参见王志诚《信托法》(2011 最新版),五南图书出版股份有限公司 2011 年版,第 119 页;何宝玉《信托法原理研究》,中国政法大学出版社 2005 年版,第 105 页。

不过，在英美信托法上，却未如同大陆法系信托法在受托人的分别管理义务之外，另行设计一套信托公示制度。受托人分别管理义务的规范，使受托人可以清楚地向第三人揭示其财产管理人（即受托人）的地位，且第三人仅可以所指定或标示的信托财产之外的财产作为受托人个人债权的担保。① 如受托人违反将信托财产分别管理的规定，信托法将施以相应处罚。② 因此，一般受托人多会遵守这些规定。受托人如切实遵守，对潜在的债权人而言，受托人所持有的财产哪些是信托财产，哪些是可以满足其债权的责任财产，债权人自得以区辨，而仅就受托人的固有财产来评估交易所生信用风险。③ 此外，现代市场中商事信托的普遍性已逐渐超越传统信托，而商事信托多以金融机构（如银行或信托公司）担任受托人。这些受托人不但财务状况佳而不易破产，而且金融主管机关对其有严格的监管机制，包括信托账户与账册的分别管理，因此，与其交易的债权人多可轻易核查其财产状况。④

笔者认为，受托人的分别管理义务具有信托公示的功能。因为从受托人分别管理义务的内涵而言，英美信托法将其确定为将信托财产为分离和将信托财产为标示两方面的内容，而"将信托财产为标示"实质上是对信托财产予以公示。诚如有的学者所言，"英美法上虽未明确强调信托财产的公示，似有透过分别管理义务的落实，而实现信托财产公示的目的"⑤。在日本和中国台湾地区信托法上，虽然可以受托人分别管理的义务，但此义务的践履却需借助于另行设计的信托公示制度，如日本新《信托法》第 34 条所称"应为信托登记或登录的财产"包括哪些财产，则应依据该法第 14 条有关信托登记或登录

---

① Henry Hansmann & Ugo Mattei, "The Functions Of Trust Law: A Comparative Legal And Economic Analysis", *N. Y. U. L. Rev.*, Vol. 73, 1998, p. 459.
② See David Hayton and Charles Mitchell, *Commentary And Cases On The Law Of Trusts And Equitable Remedies*, Sweet & Maxwell, 12th edition, 2005, p. 705; Uniform Trust Code § 1001.
③ 王文宇：《信托法原理与商业信托法制》，《台大法学论丛》2000 年第 1 期。
④ George T. Bogert, *Trusts*, West Group, 6th edition, 1991, p. 493.
⑤ 唐义虎：《信托财产权利研究》，中国政法大学出版社 2005 年版，第 72 页。

的规定加以确认。而这种信托公示制度本身却仅对少数信托财产（如不动产、船舶、航空器等）的公示及其对抗效力作了规定，并不包括所有的信托财产。因此，对未定公示方法的信托财产，有无独立性、可否产生对抗第三人的效力，学界和司法实务中争议较大。[1] 而此种争议产生的根本原因，便在于这些信托法将受托人的分别管理义务与信托公示分别予以立法。难怪有学者不无疑惑地指出，如何将分别管理与信托公示加以有效结合，为必须考量之课题。[2] 若从受托人分别管理义务包括对信托财产为分离和标示的内涵出发，对信托财产的标示作具体规定（实际上日本新《信托法》第34条已有此种规定），则既可避免另行设计信托公示制度所带来的争议与疑惑，又可节约立法成本。

（三）信托受托人分别管理义务的排除

信托受托人的分别管理义务可否以信托文件加以排除，这涉及此义务属于强行性规定抑或任意性规定的问题。从中国《信托法》第29条的规定来看，受托人的分别管理义务不得以信托文件排除适用，应为强行性规定。但根据《信托公司集合资金信托计划管理办法》第2条关于"由信托公司担任受托人，按照委托人意愿，为受益人的利益，将两个以上（含两个）委托人交付的资金进行集中管理、运用或处分"和第3条关于"信托计划财产独立于信托公司的固有财产，信托公司不得将信托计划财产归入其固有财产"的规定，在集合资金信托情形下，受托人的分别管理义务能否以信托文件排除适用不能一概而论。即对信托公司的固有财产与信托计划财产分别管理而言，受托人的分别管理义务为强行性规定，不得以信托文件加以排除；而对信托公司管理不同委托人的财产而言，受托人的分别管理义务为任意性规定，可以信托文件排除适用。

在两大法系信托法上，对受托人分别管理义务的排除存在不同的

---

[1] 参见杨崇森《信托法原理与实务》，三民书局2010年版，第148页；王志诚《信托之基本法理》，元照出版有限公司2005年版，第61—64页。

[2] 刘春堂：《论信托财产之分别管理》，《辅仁法学》1998年第1期。

态度。在英国，信托财产必须与受托人的固有财产相分离，但受托人在获得特别授权的情形下，可将信托财产与其他信托的信托财产相混合而置于一个独立的资产集合中。① 可见，英国信托法上仅信托财产与其他信托的信托财产分别管理的义务可以排除适用。在美国，《统一信托法》第810条关于受托人分别管理义务的规定属于该法第八章"受托人的义务与权力"的规范，而该法第八章一开始即指出"本章规定除非是关于受托人应向受益人报告其管理状况的义务，以及受托人应依信托宗旨和为所有受益人利益而诚信行事的基本义务外，均可因当事人信托条款另有约定而被排除"②。但受托人的分别管理义务是否属于上述"依信托宗旨和为所有受益人利益而诚信行事的基本义务"，进而可依信托文件予以排除，在学界和司法实务中存有争议。③不过，该法第810条第（d）款规定："若受托人的记录明确指出个别受益人的利益，受托人可将两项或两项以上的信托财产作为一个财产整体进行投资。"由于财产组合投资比单一财产的投资更为经济和减少风险，因此，即使此种行为违背传统的信托财产分别标示规则，也为法律所允许。④ 而《信托法重述》（第3次）第84条的注释则指出，"信托条款可允许信托财产与受托人的固有财产相混合"。"同样地，信托条款可授权以受托人名义控制信托财产而不指出特定的信托，或者甚至根本不表明该财产属于信托财产。""惯例或信托的特性也认定一项信托财产与另一项信托财产相混合是恰当的。"⑤ 据此，受托人的分别管理义务应属于任意性规定，可以信托文件甚至惯例加以排除。

在日本旧《信托法》和中国台湾地区"信托法"上，受托人分别管理不同信托财产的义务为任意性规定，而分别管理信托财产与固

---

① David Hayton, *The Law Of Trusts*, Sweet & Maxwell, 4th edition, 2003, p. 141.
② Uniform Trust Code Article 8 Dtuies and Powers, General Comment.
③ Melanie B. Leslie, "Trusting Trustees: Fiduciary Duties And The Limits Of Default Rules", *Geo. L. J.*, Vol. 94, 2005, p. 67.
④ Uniform Trust Code Article § 810. Comment.
⑤ Restatement (Third) of Trusts § 84. Comment e.

有财产的义务则为强行性规定。① 例如,中国台湾地区"信托法"第24条第2项规定:"前项不同信托之信托财产间,信托行为订定得不必分别管理者,从其规定。"即明定受托人同时或先后接受二个以上信托时,关于信托财产间的管理,可由信托当事人以信托行为约定排除受托人的分别管理义务。但依日本新《信托法》第34条第1项后段关于"但是,信托行为中有特别订定的,则承认之"的规定,该法已将受托人的分别管理义务修改为任意性规定,无论受托人分别管理信托财产与其固有财产的义务还是分别管理不同信托的信托财产义务,均可以信托行为加以排除。②

笔者认为,对受托人分别管理义务能否以信托文件予以排除,应区分以下两种情形分别对待:对受托人将信托财产与其固有财产分别管理而言,应为强行性规定,不得排除适用;对受托人将不同信托的信托财产分别管理而言,应属任意性规定,可以排除适用。其理由如下。

首先,从信托制度的特质而论。信托制度的特质在于就信托财产,受托人享有"形式上之所有权",而受益人享有"实质上之所有权"。然信托财产一旦消失,"实质上之所有权"即消灭,受益人将不再享有信托法之特别保障。信托财产消失固有可能出于物理原因,但最大可能是受托人出于故意或疏忽未能保持信托财产与固有财产的分离独立,致无人能辨识何者为信托财产。③ 因此,信托法对受托人将信托财产与固有财产分别管理应作最为严格的要求,不允许当事人以信托文件排除适用,而允许当事人约定对不同信托的信托财产混合运用,如将不同信托的资金进行集合投资,只要在信托账簿上载明每一受益人享有的份额即可,不会影响信托制度的特质。相反,此时有利于实现受益人利益的最大化,显现信托制度的弹性与效率。

其次,从受托人分别管理义务规范目的角度观之。法律规范强行

---

① 日本三菱日联信托银行编著:《日本信托法制与实务》,台湾金融研训院2009年版,第91页;王志诚《信托法》(2011最新版),五南图书出版股份有限公司2011年版,第119页。
② [日]新井诚:《信托法》,刘华译,中国政法大学出版社2017年版,第233页。
③ 方嘉麟:《信托法之理论与实务》,中国政法大学出版社2004年版,第188—189页。

性与任意性的界定,必需考量规范的目的,即该规范背后所隐藏欲保护的利益性质,加以区分。倘若规范背后仅涉及当事人利益,自可由当事人加以取舍处分,反之,若尚涉及当事人利益以外之公益或第三人利益,则不能由当事人以约定排除规范之适用。① 如前所述,受托人分别管理义务具有信托公示的功能,而为此公示之目的在于保护交易安全和第三人利益。若允许当事人以信托文件排除信托财产与受托人固有财产分别管理的义务,将使与受托人进行交易的第三人无法判断何者为信托财产,恐对第三人产生不利。因此,信托财产与受托人固有财产分别管理的义务应界定为强行性规范。而信托财产相互之间分别管理的义务,不涉及公益或第三人利益,基于私法自治原则,如当事人另有约定不必为分别管理,应尊重其意思。

最后,从法律政策层面考量。在信托关系中,受托人对受益人负有忠实义务是为达成信托目的的关键所在。由于受托人对信托财产有管理处分的权限,如不针对受托人处理信托事务时,自己或第三人与受益人有利益冲突的情形加以规范,将有害于受益人的权益,并违背信托的宗旨。因此,在受托人的义务群中,信托法最强调忠实义务,要求受托人处理信托事务时须以受益人的利益为唯一的考量。② 不过,受托人于信托关系中,对信托财产的控制及对信托事务的熟悉均远胜于受益人。故而受托人利用此种不对等的地位,将信托财产与固有财产相混淆的诱因极大。为防受托人因此违反忠实义务,实有必要将信托财产与受托人固有财产分别管理的义务确定为强行性规定,不允许当事人以信托文件排除。而受托人将不同信托的信托财产相混淆的诱因,远低于将信托财产与固有财产相混淆之诱因,所以对不同信托的信托财产分别管理的义务,在法律政策评价上,宜和信托财产与受托人固有财产分别管理的义务有所不同,可允许当事人以信托文件加以排除。

---

① 王泽鉴:《民法总则》(增订版),中国政法大学出版社 2001 年版,第 235—237 页。
② Tamar Frankel, "Fiduciary Duties As Default Rules", *Or. L. Rev.* Vol. 74, 1995, pp. 1215–1231.

第四章 慈善信托的受托人制度

（四）信托受托人违反分别管理义务的法律效果

依中国《信托法》第 27 条第 2 款的规定，受托人违反将固有财产与信托财产分别管理义务产生的法律效果为恢复信托财产的原状和赔偿信托财产的损失。但若受托人将信托财产与固有财产相混合而获得了利益，对此利益应如何处理；受托人违反将固有财产与信托财产分别管理义务的损失赔偿责任，适用何种归责原则；受托人违反将不同信托的信托财产分别管理的义务，法律效果又将如何，该法均未作明确规定，《信托公司管理办法》和《信托公司集合资金信托计划管理办法》亦未规定。

两大法系信托法关于受托人违反分别管理义务的法律效果规定有所不同。在英国，若受托人违反分别管理义务，则因此取得的利益或财产上产生拟制信托；对未经授权的行为造成的信托财产损失以及因其违反义务所致信托财产价值的减少，承担个人责任。[1] 依美国《统一信托法》第 1001 条第（b）款的规定，受托人违反分别管理义务时，法院可以"（1）强制受托人履行义务；（2）制止受托人违反信托的行为；（3）强制受托人以赔偿金钱、恢复财产或其他方式予以救济；（4）要求受托人记账；（5）指定一个特别的受托人控制信托财产和管理此信托；（6）命令受托人暂停职务；（7）根据第 706 条解任受托人；（8）减少或拒绝对受托人补偿；（9）在遵守第 1012 条情形下，使受托人的行为无效，或强制在信托财产上设立优先权或拟制信托；追及被错误处理的信托财产并恢复此财产或其所得收益；（10）命令为其他适当的救济"。关于上述第（9）项的内容，该条的注释特别指出，"法院撤销受托人的错误行为不得损害根据该法第 1012 条受保护的善意买受人的利益"[2]。而在日本，根据新《信托法》第 40 条第 1 项、第 4 项规定，受托人违反分别管理义务，导致

---

[1] David Hayton, *The Law Of Trusts*, Sweet & Maxwell, 4th edition, 2003, p. 142; A. J. Oakley, Parker And Mellows, *The Modern Law Of Trusts*, Sweet & Maxwell, 9th ed., 2008, pp. 867–870.

[2] Uniform Trust Code Article § 1001. Comment.

信托财产受损失或产生变更时，受托人应负损失填补或回复信托财产原状的责任；该责任除非经证明为分别管理却仍产生损失、变更，否则不得免责。① 在中国台湾地区，"信托法"第24条第3项、第4项对受托人违反分别管理义务的效果作了规定。即"受托人违反第一项规定获得利益者，委托人或受益人得请求将其利益归于信托财产。如因而致信托财产受损害者，受托人虽无过失，亦应负损害赔偿责任；但受托人证明纵为分别管理，而仍不免发生损害者，不在此限"。"前项请求权，自委托人或受益人知悉之日起，二年间不行使而消灭。自事实发生时起，逾五年者，亦同。"

比较上述立法例可知，两大法系信托法关于受托人违反分别管理义务的法律效果均规定了受托人负损失赔偿责任。不过，对此责任的归责原则，日本新《信托法》和中国台湾地区"信托法"显然采取了无过错责任原则，而英美信托法虽未明文规定受托人因过错违反分别管理义务时才承担赔偿责任，但从这些信托法的相关规定中可以判断其采取了过错责任原则。例如，英国信托法上，受托人诚实、合理地从事管理信托的行为，属于法院免除受托人个人责任的事由之一。② 美国《统一信托法》第1010条第（b）款则规定："受托人对管理信托中的侵权行为，或者违反由信托财产之所有或控制所生的义务，包括违反环境法的义务，仅在其有过错时才承担个人责任。"在中国《信托法》中，受托人违反分别管理义务的损失赔偿责任采取何种归责原则不明确，学界一般主张对此种责任适用过错责任原则。③ 笔者认为，对受托人违反分别管理义务的损失赔偿责任采取无过错责任原则过于严苛，将会导致担任受托人之意愿降低，不利于信托事业的发展。而对此责任采取过错责任原则，又会加重受益人的举证责任。鉴

---

① 日本三菱日联信托银行编著：《日本信托法制与实务》，台湾金融研训院2009年版，第92页。

② David Hayton and Charles Mitchell, *Commentary And Cases On The Law Of Trusts And Equitable Remedies*, Sweet & Maxwell, 12th edition, 2005, p.710.

③ 张淳：《试论受托人违反信托的赔偿责任——来自信托法适用角度的审视》，《华东政法学院学报》2005年第5期。

于此，中国《信托法》对此责任采取过错推定责任原则为妥当。

在英美信托法上，成立拟制信托是受托人违反分别管理义务的法律效果之一。拟制信托是英美法对于某人自他人收取财产，若由其保有会发生违反公平的结果之情形，为维持衡平起见，引用信托法理所采用的救济方法。即常在一人因欺诈、胁迫或不当行为自他人获得财产以及受托人违反信赖义务取得财产之情形下，法院为保护受害人利益，强制财产取得人成为受害人之受托人，而受害人仍可享受其财产上之利益。[1] 据此，受托人违反分别管理义务时，信托财产的独立性将无法体现，为保护受益人的利益，在受托人因此而取得的财产及获得的利益上产生拟制信托意味着此财产及利益仍归为信托财产，受益人对其享有受益权。而日本和中国台湾地区信托法采取恢复信托财产原状，将受托人所得利益归入信托财产的态度，也同样达到了保护受益人利益的效果。不过，中国《信托法》第27条第2款仅规定受托人将信托财产转为固有财产时，应恢复信托财产原状，而未明确受托人因此获得的利益归入信托财产，以及受托人违反将不同信托的信托财产分别管理的义务，也应产生上述同样的法律后果，对受益人利益的保护确有不周，将来修法时应予以补充。

此外，若受托人未对信托财产为一定标示，依美国《统一信托法》第1001条第（b）款第1项、第4项的规定，将产生"强制受托人履行义务""要求受托人记账"的法律效果。而依日本新《信托法》第14条和中国台湾地区"信托法"第4条关于信托财产公示制度的规定，此时将产生不得对抗第三人的法律效果，中国《信托法》第10条则对此种情形的法律效果作了信托不生效的规定。笔者认为，信托的价值取向在于扩张自由和提升效率，为了使信托能够有效运作，需要信托法为当事人提供较其他法律更大的弹性空间与更为切实的保障。如果当事人之间设立信托关系，对第三人的利益影响无关，于社会公共利益也无不利，从实现信托的自由和效率的价值出发，似不必强求信托财产公示的生效效力。因此，借鉴其他国家和地区的立

---

[1] 杨崇森：《信托法原理与实务》，三民书局2010年版，第97页。

法案例，中国《信托法》可将受托人违反将信托财产为标示义务的法律效果，确定为委托人或受益人有权要求其履行标示义务，若未对信托财产为标示的，不得以该财产为信托财产对抗善意第三人。

二 慈善信托受托人分别管理义务的完善

根据中国《信托法》的规定，在信托关系中，受托人负有忠实义务、谨慎义务等多项义务。① 中国《慈善法》第 48 条第 1 款仅原则性要求慈善信托的受托人"履行诚信、谨慎管理的义务"。《慈善信托管理办法》除重申《慈善法》的上述规定之外，还对慈善信托受托人的忠实义务、分别管理义务、亲自管理义务等加以了具体规定。然而，这些慈善信托受托人的义务规则尚存在疏漏之处，有待完善。

信托受托人的分别管理义务是指受托人应将信托财产与其固有财产以及其他信托财产分别进行管理。信托法之所以要求受托人履行分别管理义务，原因在于通过分别管理确保信托财产的特定性，以此实现受益人的保护。② 中国《慈善信托管理办法》第 26 条至第 28 条对慈善信托受托人的分别管理义务加以了规定。其中，第 28 条要求以资金设立慈善信托的，受托人应将慈善信托资金委托给商业银行保管，并开立慈善信托资金专户；以非资金财产设立慈善信托的，可将信托财产委托第三方进行保管。

从实践中看，目前中国已设立的慈善信托大多以资金为信托财产，以非资金财产作为信托财产的慈善信托的情形较少，例如，2017 年设立的万向信托——艺酷慈善信托。该信托的信托财产为委托人收藏的著名画家曹彬的画作 41 幅；2018 年设立的鲁冠球三农扶志基金慈善信托，此信托的信托财产为委托人持有的万向三农集团有限公司的股权。按照《慈善信托管理办法》第 28 条的上述规定，万向信托——艺酷慈善信托、鲁冠球三农扶志基金慈善信托的受托人可分别将上述画作、股权委托第三方保管。然而，依中国《合同法》第 365

---

① 参见中国《信托法》第 25 条至第 34 条。
② ［日］新井诚：《信托法》，刘华译，中国政法大学出版社 2017 年版，第 231 页。

条的规定，保管合同的标的物为物，而不能为权利。因此，若慈善信托的信托财产为股权、债权、知识产权等财产权，则无法委托第三方进行保管。事实上，上述两例慈善信托的受托人并未将信托财产委托给第三方保管。但问题在于，以非资金财产设立慈善信托的，若不将信托财产委托第三方保管，何以体现该财产属于信托财产的特性？

如前所述，在其他国家和地区的信托法上，受托人对信托财产分别管理的方法不尽一致。例如，美国2010年《统一信托法典》第810条第（c）款规定，除另有规定外，受托人应指明信托财产，以使信托的权益在可行范围内显现于受托人或受益人以外之人保存的记录之中。[①] 日本2006年的新《信托法》第34条则区分信托财产的不同类型规定了信托财产分别管理的方法。具体而言：对可进行信托登记或注册的财产，将该信托的登记或注册作为分别管理的方法；对无法进行信托登记或注册的动产（金钱除外），以可从外形上区分属于信托财产的财产和受托人的固有财产以及属于其他信托的信托财产的状态进行保管；对金钱以及其他财产，以明确其计算的方法作为分别管理的方法。[②] 中国台湾地区"信托法"第24条第1款仅规定了信托财产为金钱的，受托人以分别记账方式对信托财产进行分别管理，而未对其他信托财产的分别管理方法加以规定。

目前，中国学界对信托受托人的分别管理义务研究较为少见。有学者论证了受托人分别管理义务与信托财产独立性的关系，而未对受托人分别管理的具体方法加以论述。[③] 笔者认为，相较而言，日本《信托法》对受托人分别管理信托财产的方法规定较为具体，可供中国借鉴。不过，鉴于中国《信托法》第10条未对那些财产设立信托应进行信托登记以及登记的机关等事项作出规定，在确定慈善信托受托人分别管理信托财产的方法时，可对慈善信托财产登记或注册作出

[①] 李宇译：《美国统一信托法典》，载梁慧星主编《民商法论丛》（第57卷），法律出版社2015年版，第810页。
[②] ［日］新井诚：《信托法》，刘华译，中国政法大学出版社2017年版，第234页。
[③] 楼建波：《信托财产分别管理与信托财产独立性的关系——兼论〈信托法〉第29条的理解与适用》，《广东社会科学》2016年第4期。

如下规定：以不动产设立慈善信托的，应在不动产登记局办理信托登记；以上市公司股权设立慈善信托的，应在证券登记结算机构进行信托登记；以非上市公司股权设立慈善信托的，应在市场监督管理部门进行信托登记；以知识产权设立慈善信托的，应在知识产权管理部门办理信托登记或注册等。

第三节 慈善信托受托人的谨慎投资义务

一 信托受托人谨慎投资义务的一般分析

信托受托人的谨慎投资义务标准是现代信托法中的一个重要命题和难点问题。因为，谨慎投资义务的标准直接关涉受托人投资信托财产的行为是否正当，系确定受托人对投资行为造成的信托财产损失是否承担赔偿责任的关键；如果对此项标准的设置不合理，必将遏制受托人投资信托财产的创新热情，或者导致受托人滥用投资信托财产的权利。中国《信托法》《信托公司管理办法》和《信托公司集合资金信托计划管理办法》等法律对此规定不具体，受托人谨慎投资义务的履行没有一个清晰的判断标准，这不利于中国信托投资活动的健康开展和受益人利益的有效保障，并决定了有关信托法律有进一步完善的必要。

（一）信托受托人谨慎投资义务的界定与理论依据

1. 信托受托人谨慎投资义务的界定

信托受托人的谨慎投资义务是受托人的谨慎义务在信托财产投资过程中的运用，作为一个法律术语，它是英美信托法的创造。长期以来，英美法系信托受托人的谨慎投资义务主要存在于判例法中，在制定法中出现的时间较晚。以美国为例，尽管早在19世纪初期的相关判例中就有受托人的谨慎投资义务，但直至1935年，对美国各州信托立法有重要影响的美国《信托法重述》才首次引入该术语。[①]

---

① Shattuck, "The Development of the Prudent Man Rule for Fiduciary Investment in the United States in the Twentieth Century", *Ohio State Law Journal*, Vol. 12, 1951, p. 508.

在大陆法系国家和地区，信托法中没有谨慎投资义务这一概念，而是规定受托人负有善良管理人的注意义务。① 由于善良管理人的注意义务在民法典中有具体的规范，因此，人们在讨论信托受托人的善良管理人的注意义务时，往往直接援引民法典中的相关规定。

从世界范围来看，关于信托受托人谨慎投资义务的含义目前最具代表性的当数美国《信托法重述》（第3次）第227条的规定，该条规定："受托人对受益人负有义务，应当考虑信托目的、信托期限、分配要求和信托的其他情况，像一个谨慎投资人那样投资和管理信托财产。"② 尽管两大法系国家和地区对信托受托人谨慎投资义务的具体立法规定存在明显的不同，但从内容上看，二者之间并无本质区别，均强调受托人在投资信托财产时应当小心、慎重，为受益人的最大利益服务。

2. 信托受托人谨慎投资义务的理论依据

笔者认为，信托受托人承担谨慎投资义务的理论依据主要如下几个方面。

（1）交易成本理论

交易成本是现代制度经济学的核心范畴。在交易成本概念的创始人科斯看来，"为了进行市场交易，有必要发现谁希望进行交易，有必要告诉人们交易的愿望和方式，以及通过讨价还价的谈判缔结契约，督促契约条款的严格履行，等等"③，这些工作所花费的成本就是交易成本。按照张五常教授的解释，"在最广泛的意义上，交易成本包括那些不可能存在没有产权、没有交易、没有任何一种经济组织的鲁滨逊·克鲁索经济中的成本"。"交易成本就可以看作是一系列制度成本，包括信息成本、监督管理成本和制度结构变化的成本。"④ 交易成本理论表明，在存在交易成本的条件下，法律对权利义务的初

---

① 参见何宝玉《信托法原理研究》，中国政法大学出版社2005年版，第209页。
② Restatement (Third) of Trusts, §227.
③ [美]科斯：《企业、市场和法律》，盛洪、陈郁等译，上海三联书店1990年版，第91页。
④ 张五常：《经济解释》，商务印书馆2002年版，第250—251页。

始界定具有十分重要的意义，人们应该从实现资源配置最优化的原则出发，选择合适的权利义务的初始界定，以减少不必要的交易成本。①

就信托投资行为而言，交易成本主要体现为委托人与受托人就信托财产的投资进行约定而产生的谈判成本，以及委托人、受益人对受托人的投资行为实施监督所发生的监督成本。信托法中的受托人谨慎投资义务为信托当事人提供了一套标准化的规则，如果没有该规则，仅凭委托人与受托人在个案中临时设计受托人的投资行为规则，不仅会造成很高的谈判成本，而且难免设计不周全。另外，若法律未确立受托人的谨慎投资义务，为防止受托人滥用投资权利而造成信托财产的损失，委托人、受益人势必耗费大量成本去监督受托人的投资行为。而通过信托法设立受托人的谨慎投资义务，信托当事人便可依据其来进行谈判和实施监督，从而可减少或免除委托人与受托人之间的谈判成本以及委托人、受益人的监督成本。这对委托人、受托人和受益人来说都是十分有利的。可见，减少交易成本是立法者通过信托法确立受托人谨慎投资义务的正当理由。

（2）公平与效率理念

公平与效率是法的两个基本理念。要求法对权利义务的分配符合公平的观念，就是法的公平理念。②法的效率理念则体现为法应以有利于提高效率的方式分配资源，并以权利和义务的规定保障资源的优化配置和使用。③在信托关系中，与委托人、受益人相比，受托人无论在投资信息还是投资技能等方面都处于优势地位。信托法设立受托人的谨慎投资义务，具有矫正受托人与委托人、受益人之间先天性的不对等关系，保护弱者利益的功能，从而使受托人与委托人、受益人在信托关系中处于公平的地位，这正是法的公平理念的体现。

此外，信托财产投资行为在资本供给者和资本需求者之间起到了桥梁和纽带作用，对资本市场效率和资源优化配置有着至关重要的影

---

① 钱道弘：《经济分析法学》，法律出版社2003年版，第1页。
② 刘作翔主编：《法理学》，社会科学文献出版社2005年版，第476页。
③ 张文显主编：《马克思主义法理学——理论、方法和前沿》，高等教育出版社2003年版，第240页。

响。如果没有法定的谨慎投资义务，受托人的投资行为主要依靠自我道德的约束，此时容易产生受托人的徇私行为，将不可避免地对资本市场的运作产生扭曲，无法引导资本流向最有效率的企业，影响资本市场的资源优化配置功能。而信托法规定受托人的谨慎投资义务，则可以约束、引导受托人的投资行为，进而提高资源配置的效率，而且受益的并非仅是受益人，而是包括受益人、委托人和受托人在内的整个社会，这正是将谨慎投资义务确立为受托人法定义务的理由所在。

应该指出的是，法的公平与效率理念之间常常发生冲突，两者很难兼顾，但在信托受托人的谨慎投资义务问题上，公平与效率得到较好的协调。这表现为：信托投资市场的存在和运行是建立在委托人愿意从事信托投资的基础上的，而委托人之所以愿意将财产信托给受托人投资，是以对受托人正直公平的信赖为前提条件的。如果受托人滥用委托人的信赖，损害受益人的利益或谋取私利，必然会损害委托人对信托投资的信心，从而使人们对信托投资退避三舍，最终对社会整体利益非常不利，损害信托投资市场以至整个资本市场的效率。[1]

（3）诚实信用原则

诚实信用原则是现代民法的一项基本原则。该原则就是要求民事主体在民事活动中维护双方的利益平衡以及当事人利益与社会利益平衡的立法者意志。一方面，这种意志要求主体有良好的行为，谓之客观诚信；另一方面，它要求主体具有毋害他人的内心意识，谓之主观诚信。[2] 在信托关系中，除非法律另有规定或信托文件另有约定，否则委托人、受益人原则上不能干涉受托人对信托财产的投资行为，而受托人享有占有和投资信托财产的权利，这使得受托人享有相当大的自由裁量权。信托投资功能的发挥，固然需要使受托人就信托财产的投资拥有自治性质的自由裁量权，但受托人和委托人、受益人之间存在明显有时甚至激烈的利害冲突，也是一个无法回避的事实。因此，为平衡受托人与委托人、受益人间的利益，对受托人的投资权利予以

---

[1] 王苏生：《证券投资基金管理人的责任》，北京大学出版社2001年版，第30—31页。
[2] 徐国栋：《民法总论》，高等教育出版社2007年版，第121页。

适当控制是必要的。信托受托人的谨慎投资义务要求受托人为了受益人的利益,应当以善意的态度和应有的技能投资信托财产,而不能欺诈委托人和受益人,损害受益人的利益,这些内容正是诚实信用原则的具体要求。可见,基于诚实信用原则,信托受托人应当承担谨慎投资义务。

(二)信托受托人谨慎投资义务标准的比较法考察

关于信托受托人谨慎投资义务的履行标准,在不同法律体系中存在着差异。具体而言有如下几方面。

1. 英美法系

英美信托法关于受托人谨慎投资义务的履行标准经历了一个由法定清单制(Legal Lists Statutes)到谨慎人规则(Prudent Man Rule)再到谨慎投资人规则(Prudent Investor Rule)的演变过程。在英国,1720年"南海公司事件"后,法院开始对信托投资的种类进行严格限制,其为受托人列出一个投资清单,若受托人投资于法定投资清单以外的种类,则被认定为违反了谨慎投资义务。[①] 后来,英国用成文法开列了允许受托人投资的清单。自1859年《财产法(修正)》开始,直至1925年《受托人法》、1961年《受托人投资法》,均使用了法定清单的方式对受托人的投资权加以限制。美国的多数州在19世纪和20世纪初期也都参照英国的做法,对受托人的谨慎投资义务采取法定清单制。[②] 但法定清单制存在以下两方面的缺陷:一是投资方法僵化。如果受托人投资属于法定清单列举的种类,则其行为受法律保护。对于强制性的法定投资清单,如果受托人投资不属于法定清单上列举的种类,则其行为构成违反信托行为;对于允许性的法定投资清单,如果受托人投资不属于法定清单上列举的种类,则受托人对清单外的投资应证明其曾使用合理的技能与谨慎小心。法定清单制在削弱受托人的自由决定权的同时,也减轻了受托人的谨慎投资义务。由

---

① 彭插三:《信托受托人的法律地位比较研究——商业信托的发展及其在大陆法系的应用》,北京大学出版社2008年版,第250页。

② Austin Fleming, "Prudent Investments: The Varying Standards of Prudence, Real Property", *Probate and Trust Law Journal*, Vol. 12, 1977, pp. 243 – 244.

于受托人实际上对于清单内的投资不必尽其谨慎义务,法定清单制对于受托人在信托投资上的消极、被动态度起到了鼓励、纵容的作用。二是投资标的的保守性。法定清单一般只允许受托人投资于所谓较安全的高等级债券,如政府债券、公用事业及铁路债券、第一不动产抵押债券等,一般不允许投资于公司普通股等股权性证券。[①]

在1830年Harvard College v. Amory案中,美国马萨诸塞州最高法院认为,受托人应当"按照谨慎、有判断力和智慧的人处理自己事务的方式,不着眼于投机,而是着眼于信托财产的永久处置,并考虑资本的可能收益与安全性。受托人已依当时情形,诚信、审慎处理,故不必对投资的损失负责"[②]。这个判例创立了一个新的受托人谨慎投资义务准则,即所谓的"谨慎人规则"。在英国19世纪的判例中也确立了类似的规则,例如,Speight v. Gaunt(1883)等。[③] 1929年的经济危机之后,在银行和信托公司的推动以及学者们的呼吁下,美国开始出现强烈要求废除法定清单制,并对受托人的谨慎投资义务改采弹性原则的声浪。[④] 1935年和1959年美国在《信托法重述》中两次采纳了上述谨慎人规则,即"在信托条款和议会法律没有规定的情况下,受托人应当像一个谨慎的人将他自己的财产投资一样,考虑信托财产价值的保护、投资收入的数量和周期性,进行信托财产投资"[⑤]。谨慎人规则摒弃了传统的"法定清单",使得受托人能选择的投资种类更广泛,但谨慎人规则采取的谨慎标准在一定程度上阻碍了真正有效的信托投资。这主要体现在:其一,谨慎人规则对某项投资是否谨慎的判断,是将此投资独立地进行考察,只考察该项投资的收益,而不将其与整个投资组合的收益结合起来进行考察,也不考虑相关的多样化投资的其他收益。这样的判断方式,使得那些为了获得最高收益的整体投资计划的发展必然受阻。其二,谨慎人规则要求保守的、低

---

① 张国清:《投资基金治理结构之法律分析》,北京大学出版社2004年版,第59页。
② Harvard College v. Amory, 26 Mass. 446 (1830).
③ 参见何宝玉《英国信托法原理与判例》,法律出版社2001年版,第216页。
④ George T. Bogert, *Trusts*, West Publishing Co., 6th ed., 1987, p.385.
⑤ Restatement of Trusts, §227; Restatement (Second) of Trusts, §227.

风险的投资政策,除非信托条款扩大受托人的投资权力,受托人应避免投机性投资。例如,投资不能确定能否到期偿还的折价债券的行为就是投机性的、是不谨慎的。法院在运用谨慎人规则时倾向于鼓励类似政府债券等安全的投资方式。而这些比较安全的投资通常只能有适度的回报。[①]

由于组合投资理论的发现和运用,美国 1992 年《信托法重述(第 3 次)》和 1994 年《统一谨慎投资人法》对谨慎人规则作了重大改革,形成了谨慎投资人规则。该规则确立的受托人谨慎投资义务的履行标准如下:(1)受托人应考虑到信托目的、信托期限、分配要求和信托的其他情况,像一个谨慎投资人那样投资信托财产。具有特殊技能或专长或者声称具有特殊技能和专长的受托人,有义务运用这些特殊技能或专长履行受托人职责。(2)对受托人的投资是否谨慎的评价不以单项投资行为为对象,而是将信托财产的投资组合作为一个整体,把单项投资作为整体的一部分进行评价。(3)受托人投资信托财产时应考虑与信托或受益人有关的各种因素,权衡投资风险和回报。这些因素包括总体经济情况;通货膨胀或通货紧缩可能产生的影响;投资决策可能产生的税收后果;每一项投资在总体信托财产投资组合中的作用,该投资组合可能包括金融资产、紧密控制型企业股权、有形和无形动产以及不动产;预期总收益;资产流动性的需要;定期取得收入的要求以及资本保值、增值的需要等。(4)受托人应将信托财产的投资多样化,除非受托人合理地认定,由于特殊情况,信托财产不实行投资多样化反而能更好地实现信托目的。(5)受托人在投资信托财产的过程中,只应发生相当于信托财产、信托目的和受托人的技能来说是适当和合理的成本。(6)谨慎投资人规则表达的是一种行为的标准,而不是一种结果的标准。受托人是否遵守了谨慎投资人规则,应根据受托人作出决定或者采取行动时的事实和情况来决定。(7)如果信托有两个以上的受益人,那么受托人在投资和管理信托财产时应当不偏不倚地对待各个受益人,同时也应考虑到各

[①] 唐建辉:《美国信托法之受托人投资标准初探》,《上海金融》2006 年第 4 期。

个受益人的不同利益。

在美国法的影响下,英国于 2000 年颁布的《受托人法》中也采纳了谨慎投资人规则。该法第 1 章标题为"谨慎义务",第 1 条规定:"无论在什么情况下,只要本条规定的谨慎义务适用于受托人,他就必须行使在当时情况下合理的谨慎和技能,特别要考虑到:他拥有或者声称拥有的特殊知识和经验;如果他是在经营活动中或者作为职业而担任受托人的,人们应当合理地期望一个从事该种经营活动或者职业的人所应当具有的特殊知识或者经验。"其第 2 章标题是"投资",第 4 条规定:"(1)行使任何投资权时,受托人必须遵守标准投资准则;(2)受托人必须适时检查信托投资并且考虑根据标准投资准则,这些投资是否应该被更改;(3)信托的标准投资准则是:投资的适宜性,即受托人意图从事或保留的特定投资所属的投资类型,对于信托而言是适宜的,并且特定投资作为这类投资,对信托来说也是适宜的;投资的多样化,即信托投资多样化的需要,只要对信托的具体情况来说是适当的。"[1]

2. 大陆法系

作为大陆法系的代表,日本、韩国和中国台湾地区对信托受托人的谨慎投资义务的要求,没有作出具体的规定,而是适用民法善良管理人的注意标准。对此,日本《信托法》第 20 条规定:"受托人须按信托的宗旨,以善良管理人应有的慎重处理信托事务。"韩国《信托法》第 28 条、中国台湾地区"信托法"第 22 条均作了与日本《信托法》第 20 条内容相同的规定。

关于善良管理人的注意标准,大陆法系的学理解释认为,此注意要求行为人应具其所属职业,某种社会活动的成员或某年龄层通常所具的智识能力。[2] 因此,专业受托人应当比一般受托人履行更高的谨慎投资义务标准,有学者称之为"专家的注意义务"。[3]

---

[1] 参见何宝玉《英国信托法原理与判例》,法律出版社 2001 年版,第 388—389 页。
[2] 王泽鉴:《侵权行为法》(第 1 册),中国政法大学出版社 2001 年版,第 260 页。
[3] 霍玉芬:《信托法要论》,中国政法大学出版社 2003 年版,第 89 页。

由上述考察可知，英美信托法关于受托人谨慎投资义务的履行标准经历了由低到高、由严格到宽松的发展过程。在最初确立的法定清单制下，受托人只要投资于法定清单列举的种类，即履行了谨慎投资义务。这种情形下受托人谨慎投资义务的履行标准很低，但十分严格。之后出现的谨慎人规则中，受托人需按一个谨慎的人处理自己事务的方式进行投资，此情形下受托人谨慎投资义务的履行标准比法定清单制中的相关标准要高，但与法定清单制相比显得宽松。再之后形成的谨慎投资人规则中，一般受托人须按谨慎投资人的要求进行投资、具有特殊技能或专长的受托人应运用其特殊技能或专长进行投资。这里的"谨慎投资人"显然比谨慎人规则中普通谨慎人的要求更高，因为其须具备一定的投资知识和技能，但谨慎投资人规则确立的投资组合策略、行为评价标准等，使受托人的谨慎投资标准更为宽松。而在大陆法系，信托受托人的谨慎投资义务属于善良管理人注意义务概念的一个分支，其履行标准很高。依善良管理人的注意标准，若受托人为普通的人，其应达到从事投资活动的人通常具有注意和能力程度；若受托人为专业机构或人士，其须达到这些机构或人士一般具有的注意和技能标准。

比较目前两大法系中信托受托人谨慎投资义务的履行标准可以发现，二者并无本质区别。究其原因，这与现代市场经济条件下两大法系国家和地区在资本市场、法律制度方面逐渐融合的趋势密切相关。不过，大陆法系中信托受托人谨慎投资义务属于原则性规定，在司法实践中难以适用，相比之下，英美信托法中相关规定的可操作性则强得多。

(三) 中国信托受托人谨慎投资义务标准的缺陷与完善

1. 中国信托受托人谨慎投资义务标准的缺陷

中国《信托法》仅原则性地规定了受托人应履行谨慎义务，即该法第25条第2款规定："受托人管理信托财产，必须恪尽职守，履行诚实、信用、谨慎、有效管理的义务。"至于受托人谨慎投资义务的履行标准，该法未作具体规定。另外，《信托公司管理办法》第24条和《信托公司集合资金信托计划管理办法》第4条重申了信托公司负有谨慎义务。《信托公司集合资金信托计划管理办法》第25条则进一步明确了受托人可以将信托资金进行组合投资。即"信托资金可以进行组合运用，组合运用应有明确的运用范围和投资比例。信托公司运用信托资金进行证券投资，应当采用资产组合的方式，事先制定投资比例和投资策略，采取有效措施防范风险"。

从上述规定来看，中国关于信托受托人的谨慎投资义务履行标准十分简略，除《信托公司集合资金信托计划管理办法》涉及组合投资之外，其他法律文件对受托人谨慎投资的具体标准均未作出明确规定。一方面不利于有效约束受托人的投资行为，从而使得受托人可能滥用权利，出现损害受益人利益的情形；另一方面不利于指引受托人的投资行为，进而无法对受托人是否履行了谨慎投资义务作出判断。现实生活中，因受托人谨慎投资义务标准的缺失，以致受托人滥用权利损害受益人利益的现象不乏其例。例如，"江南第一猛庄"金信信托投资股份有限公司挪用大量信托资金，坐庄炒股失利，给受益人造成了巨大损失，受害者遍及浙江各地。[1] 基金景宏和基金景福的管理人因对银广夏实业股份有限公司公开的信息未进行审慎调查便作出重大投资决策，从而掉入"银广夏陷阱"，导致大量投资者血本无归。而实际上银广夏实业股份有限公司使用的是大肆伪造单据的简单手段，竟然蒙骗了标榜专业理财的基金管理人。[2] 面对受托人违反谨慎投资义务的这些行为，因缺乏履行谨慎投资义务的法定判断标准，受益人难以追究受托人的民事责任，从而导致其利益无法得到有效保障。

2. 完善中国信托受托人谨慎投资义务标准的建议

由于《信托法》属于信托基本法，内容具有原则性和相对稳定性，因而不宜在《信托法》中对受托人谨慎投资义务的标准作出详细规定。笔者认为，可在《信托公司管理办法》《信托公司集合资金信托计划管理办法》等法律文件中或另行制定《信托法》的实施细

---

[1] 程吉吉、郭琼：《金信信托危机调查目前已经查明亏损高达42亿元》，《中国证券报》2006年1月11日第6版。

[2] 杨国成：《基金景宏景福中报称踏进银广夏陷阱是被骗》，《中国证券报》2001年8月31日第8版。

则，对受托人的谨慎投资义务标准予以具体规定。借鉴国外信托受托人谨慎投资义务的履行标准，中国信托受托人谨慎投资义务的履行标准可从以下三个方面加以完善。

其一，区分一般受托人与专业受托人的谨慎投资义务履行标准。受托人有一般受托人与专业受托人之分，专业受托人具有专门的知识和技能，委托人将财产信托给受托人，一方面是基于对受托人品质的信赖；另一方面是基于对其技能的信赖。因此，如果专业受托人履行与一般受托人相同的谨慎投资义务，显然违背了委托人的真实意愿，也不利于保护受益人的利益；而一般受托人不具有专业受托人的知识和技能，以专业机构或人士的标准来要求其履行投资义务，明显不合理。鉴于此，中国信托立法应区分一般受托人与专业受托人，分别规定其履行谨慎投资义务的标准。可具体规定如下："受托人应当根据信托目的、信托条款和信托的其他条件，如同一个谨慎的投资人投资信托财产。但专业受托人应当运用其专门知识和技能，投资信托财产。"

其二，明确受托人谨慎投资的具体要求。关于受托人谨慎投资的具体要求，目前只有《信托公司集合资金信托计划管理办法》规定了信托公司可以采取资产组合投资方式进行投资。信托财产的组合投资有利于分散投资的风险，该规定无疑具有合理性。但仅依据这一条规定，是无法指引受托人履行谨慎投资义务的，也不能有效保护受益人的利益。因此，中国信托立法还应当进一步细化受托人谨慎投资的具体要求。这些要求主要包括：（1）受托人在投资信托财产过程中，应考虑与信托或受益人相关的各种事项，如投资决策可能产生的税收后果、每一项投资在总体信托财产投资组合中的作用、预期总收益、资产流动性的需要等；（2）受托人应采取合理的措施，查证与信托财产投资有关的信息；（3）受托人投资信托财产只应产生对信托财产、信托目的和受托人技能而言是适当的和合理的成本。

其三，确立受托人履行谨慎投资义务的判断依据。中国《信托法》第22条的规定，受托人违反谨慎义务致使信托财产受到损失的，受托人应恢复信托财产的原状或予以赔偿。这一规定也适用于信托投资中的受托人。正是此点，致使对该受托人是否履行了谨慎投资义务的判断依据在实践中具有重要意义。由于投资活动的复杂性和不同受托人经营能力的客观差异，受托人即使高度小心也难免最后导致信托财产受到损失。如果信托立法根据受托人的投资行为是否造成了信托财产的损失来判断其有无违反谨慎投资义务，势必打击受托人的进取精神，直接影响信托投资活动的开展。因此，要合理地选择应是对受托人是否履行了谨慎投资义务，依其作出投资决定时的事实和情况来判断，而不是以投资结果作为判断依据。亦即这种判断标准是一种行为标准，而非结果标准。此外，基于组合投资理论，中国信托立法宜规定受托人对特定信托财产的投资，不应独立地就该特定财产进行评价，而应当将信托财产的投资组合作为一个整体，将该项投资作为一个整体投资策略（该策略的风险和收益，对信托而言是合理的）的一部分进行评价。

二 明确慈善信托受托人的谨慎投资义务

信托受托人的谨慎投资义务是指受托人负有以谨慎投资人的注意，参酌信托目的、内容、分配要求及其他情况，将信托资金予以投资与管理的义务，[1] 这是英美信托法受托人的一项义务。例如，美国 2010 年《统一信托法典》第九章"统一谨慎投资人法"、英国 2000 年《受托人法》第二章"投资"均对此作出了明确规定。而日本、韩国和中国台湾地区的信托法均无受托人谨慎投资义务的规定。中国《信托法》第 25 条、《慈善法》第 48 条第 1 款和《慈善信托管理办法》第 24 条关于受托人义务的一般规定中，仅要求受托人谨慎管理信托财产，没有明确慈善信托受托人应履行谨慎投资的义务。不过，值得注意的是，依《慈善信托管理办法》第 30 条的规定，受托人可将慈善信托财产投资于政府债券、金融债券等低风险资产，但委托人与信托公司另有约定的除外。这意味着若受托人为慈善组织，慈善信托财产的投资对象仅为政府债券、金融债券等低风险资产；若受托人

---

[1] 杨崇森：《信托法原理与实务》，三民书局 2010 年版，第 193 页。

为信托公司，慈善信托财产方可投资于上述低风险资产之外的其他资产。

在实践中，不同慈善信托的受托人将信托财产用于投资的情形有所差异。例如，2017年设立的天信世嘉·信德黑大同窗互助慈善信托，受托人天津信托有限责任公司将慈善信托资金投资于国债、金融债、央行票据、开放式货币市场基金等低风险资产。① 2016年设立的蓝天至爱1号慈善信托，受托人安信信托股份有限公司则将慈善信托资金用于股权投资、发放信托贷款等。② 而2017年设立的百瑞仁爱·金庚慈善信托中，信托文件未约定受托人百瑞信托有限责任公司将慈善信托资金进行投资的范围。

那么，慈善信托的受托人是否有必要履行谨慎投资义务呢？对此，笔者持肯定的态度。因为目前中国慈善资金闲置的现象较为严重③，这不利于慈善活动的持续发展。若要求慈善信托受托人履行谨慎投资义务，则有利于促进慈善信托财产的保值增值，更好地实现慈善信托的目的。需指出的是，《慈善信托管理办法》依受托人是否为信托公司而区分慈善信托财产的投资范围并不妥当。尽管作为受托人的慈善组织并非专业的财产投资机构，但不宜将其投资的范围一概限定于低风险资产之中。即使有些慈善组织不擅长投资活动，其可将从事慈善信托财产投资的事项委托给信托公司或第三人实施，也可与信托公司共同担任慈善信托的受托人而实施投资的事项。

至于慈善信托受托人如何履行谨慎投资义务，可参考英美信托法加以规定。具体而言，中国可由民政部制定指引慈善信托受托人谨慎投资的细则，其内容主要包括：（1）列举允许慈善信托受托人投资

---

① 参见天津市民政局《天津市慈善信托年度报告（2017年度）》，2018年10月3日，http://mz.tj.gov.cn/doc/003/000/109/00300010961_d71ebfce.pdf。

② 参见上海市民政局《上海市慈善信托年度报告（2017年度）》，2018年10月3日，http://www.shmzj.gov.cn/Attach/Attaches/201804/201804280502428591.pdf。

③ 据统计，2014年4283家基金会的净资产总额为1024亿元，其中闲置的货币资金高达475亿元。基金会2014年的投资收益只有28亿元，在收入中的占比仅为6.7%，而2812家基金会无投资行为。参见中国信托业协会编著《慈善信托研究》，中国金融出版社2016年版，第103页。

的目录和限制、禁止慈善信托受托人投资的清单。(2) 明确慈善信托受托人用于投资的资金占慈善信托总财产的比例,以及单个投资项目的投资金额占慈善信托总财产的比例。为保障慈善信托财产的安全,该比例不宜过高。(3) 要求慈善信托受托人将闲置的信托资金进行多元化投资,并论证多元化投资组合的合理性,以降低投资风险。

第四节 慈善信托受托人的公平义务

一 信托受托人公平义务的含义与立法例

信托受托人的公平义务是指受托人应为所有受益人的利益公平管理信托,不偏袒某一或某类受益人,而牺牲其他受益人。[①]

当信托受益人为两人以上时,为避免受益人之间发生利益冲突,英美信托法上规定了受托人的公平义务。例如,在英国,信托法要求受托人应为全体受益人的利益,诚实、不偏袒地管理信托,并且对不同受益人保持公正的平衡。[②] 美国2010年《统一信托法典》第803条规定,信托有两个以上受益人的,受托人投资、管理与分配信托财产时应公允行事,对不同受益人的相应权益予以适当关注。[③] 日本旧《信托法》未规定受托人的公平义务,但2006年新《信托法》第33条明确规定了受托人应负有公平义务。[④] 而在中国,《信托法》、《慈善法》和《慈善信托管理办法》均未规定受托人的公平义务。

二 慈善信托受托人公平义务的设置

笔者认为,中国应为慈善信托的受托人设置公平义务。其理由如

[①] 杨崇森:《信托法原理与实务》,三民书局2010年版,第190页。
[②] 何宝玉:《信托法原理与判例》,中国法制出版社2013年版,第192页。
[③] 李宇译:《美国统一信托法典》,载梁慧星主编《民商法论丛》(第57卷),法律出版社2015年版,第822页。
[④] 日本《信托法》第33条规定:"有二人以上受益人之信托,受托人应为受益人之利益公平执行职务。"此译文出自于〔日〕新井诚《信托法》(第4版),刘华译,中国政法大学出版社2017年版,第454页。

下：其一，从理论上看，慈善信托的受益人为不特定的社会公众，容易发生偏袒某一或某类受益人的情形。与私益信托设立时必须具有确定的受益人不同，慈善信托设立时受益人尚不确定。慈善信托的受益人由受托人在慈善信托设立后按照信托文件的约定加以选择。若信托文件约定不明确，则慈善信托受托人有可能偏袒某一或某类受益人。其二，从实践中看，慈善信托受托人的自由裁量权较大，有必要为其设定公平义务。例如，2016 年设立的蓝天至爱 1 号慈善信托中，信托文件约定受托人安信信托股份有限公司选择受益人时，优先选择充分体现"安老、扶幼、助学、济困"的慈善项目和具有法人资格的社会组织或非营利的事业单位。① 2017 年设立的天信世嘉·信德大田集团见义勇为慈善信托中，受托人为天津信托有限责任公司与天津市福老基金会，信托文件约定受益人的选择与资助方案由天津市信托有限责任公司内设的慈善委员会决定。② 在上述慈善信托中，受托人对受益人的选择与资助具有较大的自由裁量权。为避免受托人偏袒某一或某类受益人，应要求慈善信托的受托人履行公平义务。

关于慈善信托受托人公平义务的内容，应主要包括：（1）公平选择受益人。慈善信托受托人应按照信托目的和信托文件的约定公平选择受益人，使符合条件的受益人均能获益。（2）公平资助受益人。慈善信托受托人对选定的受益人应公平资助，不可厚此薄彼。

第五节　慈善信托受托人的信息公开义务

一　慈善信托受托人信息公开义务的内涵

中国《信托法》第 33 条对受托人的信息公开义务进行了一般规定。该法第 33 条规定："受托人必须保存处理信托事务的完整记录。受托人应当每年定期将信托财产的管理运用、处分及收支情况，报告

---

① 上海市民政局：《上海市慈善信托年度报告（2017 年度）》，2018 年 10 月 3 日，http：//www.shmzj.gov.cn/Attach/Attaches/201804/201804280502428591.pdf。
② 天津市民政局：《天津市慈善信托年度报告（2017 年度）》，2018 年 10 月 3 日，http：//mz.tj.gov.cn/doc/003/000/109/00300010957_72de557e.pdf。

委托人和受益人。受托人对委托人、受益人以及处理信托事务的情况和资料负有依法保密的义务。"中国《慈善法》《慈善信托管理办法》对慈善信托受托人的信息公开义务进行了明确规定。《慈善法》第48条规定："慈善信托的受托人应当每年至少一次将信托事务处理情况及财务状况向其备案的民政部门报告,并向社会公开。"《慈善信托管理办法》第56条也规定："受托人应当在民政部门提供的信息平台上,发布以下慈善信息,并对信息的真实性负责。(一)慈善信托设立情况说明;(二)信托事务处理情况报告、财产状况报告;(三)慈善信托变更、终止事由;(四)备案的民政部门要求公开的其他信息。"

可见,慈善信托受托人的信息公开义务是指慈善信托受托人依法将信托的设立以及信托财产的管理、处分等情况向社会予以公开的一项义务。之所以要求慈善信托的受托人履行信息公开义务,是因为:其一,保护慈善信托委托人权益的需要。慈善信托是委托人基于对受托人的信任,将其财产权交给受托人进行管理、处分的行为。据此,委托人享有对受托人管理、处分慈善信托财产的知情权。要求慈善信托的受托人履行信息公开的义务,是保护慈善信托委托人权益的需要。其二,保障慈善信托的目的实现的需要。慈善信托的目的具有公益属性,慈善信托受托人管理、处分信托财产的状况如何,直接关系到不特定的社会公众的利益。而作为慈善信托受益人的不特定社会公众通常是难以知晓受托人对信托财产的管理、处分状况的。若慈善信托的受托人滥用权利,便可能损害慈善信托受益人的利益,造成慈善信托的目的难以实现或无法实现。因此,为了保障慈善信托目的的实现,应要求慈善信托的受托人履行信息公开的义务。

二 其他国家和地区慈善信托受托人信息公开义务的考察

在英国,2006年《慈善法》对慈善信托设立时应披露的信息、受托人使用慈善信托财产投资时应披露的信息、受托人使用慈善信托财产应定期披露的信息等均作了具体规定。2011年《慈善法》还对慈善信托受托人保存会计记录、财务报表的备置等事项作了进一步详细的规定，保障慈善信托受托人信息公开义务的履行。① 英国慈善委员会依据该法出台了一系列指引性文件，其中最重要的是《慈善组织会计与报告：推荐实务公告》（Accounting And Reporting By Charities：Statement of Recommended Practice，SORP）。英国慈善委员会对"受托人年度报告"采取"统一要求、分级管理"。"统一要求"是指对所有受托人的年度报告都有统一的标准和流程。主要包括年报及会计报表、年度申报表和重大事项报告承诺书。上年度收入低于1万英镑的慈善信托，不需要提交"受托人年度报告"，只需在网上简单报告收支情况即可。"分级管理"是指依据慈善组织的法律形式、年收入和资产规模，对信息公开内容的繁简程度、外部审计等有不同要求。②

在日本，《信托法》第36条规定了受托人信托事务处理状况的报告义务。依据该条规定，委托人或受益人有权请求受托人，报告信托事务的处理状况、信托财产与信托财产责任负担的状况。日本《关于公益信托的法律》第4条第2款还规定，"公益信托的受托人每年1次定期将信托事务及财产状况进行公告"。在中国台湾地区，"信托法"第72条第3款也规定："受托人应每年至少一次定期将信托事务处理情形及财务状况，送公益信托监察人审核后，报请主管机关核备并公告之。"

三 中国慈善信托受托人信息公开义务的完善

相较而言，英国的慈善信托受托人信息公开义务制度较为具体和完善，值得中国借鉴。具体而言，中国慈善信托受托人的信息公开义务可从以下几个方面进行完善。

首先，明确慈善信托受托人信息公开的原则和要求。慈善信托的受托人公开信息应采取强制公开信息与自愿公开信息相结合的原则。对于强制公开的信息，受托人应当在民政部门提供的统一信息平台依法进行，不得以新闻发布、广告推广等形式代替。鼓励慈善信托的受托人自愿在统一信息平台公开受托人和信托监察人报酬的收取标准和

---

① 参见孙洁丽《慈善信托法律问题研究》，法律出版社2019年版，第107—108页。
② 杨智艺：《浅析英国慈善信托信息公开及对我国的启示》，《社会福利》2020年第4期。

方法，公开其对受益人的资助标准、工作流程和工作规范等信息。但涉及国家秘密、商业秘密、个人隐私的信息以及慈善信托的委托人不同意公开的姓名、名称、住所、通信方式等信息，慈善信托的受托人不得公开。慈善信托受托人公开的信息应当遵循真实、准确、完整、及时的要求，不得有虚假记载、误导性陈述或者重大遗漏。

其次，分阶段设置慈善信托受托人的信息公开义务。中国《慈善法》《慈善信托管理办法》对慈善信托受托人的信息公开义务的规定较为笼统，可以采取区分不同的阶段，分别设置慈善信托受托人的信息公开义务。建议对慈善信托设立阶段受托人的信息公开义务、慈善信托存续阶段受托人的信息公开义务、慈善信托终止阶段受托人的信息公开义务分别进行规定。

最后，细化慈善信托受托人信息公开的方式和内容。慈善信托的受托人应当在民政部门备案后，再在统一信息平台公开慈善信托的设立信息。这些信息主要包括：（1）慈善信托目的；（2）慈善信托期限；（3）同意公开的委托人的姓名或者名称，受托人的姓名或者名称，如设置信托监察人，信托监察人的姓名或者名称；（4）信托财产种类及信托文件约定数额、初始数额；（5）年度慈善支出的比例或数额；（6）受益人范围及选定的程序和方法；（7）其他依法需要公开的信息或说明的事项。

在慈善信托存续阶段，受托人应当自向民政部门报送慈善信托事务处理情况和慈善信托财产状况的年度报告后，将年度报告在统一信息平台公开。年度报告的内容、基本格式等由国务院民政部门和国务院银行保险监督管理机构制定。若慈善信托的某些事项发生变更的，慈善信托的受托人应当自收到备案回执之日后，在统一信息平台公开慈善信托变更备案事项，包括：（1）变更理由；（2）增加新的委托人的，应当公布新增委托人的姓名或者名称（委托人不同意公开的除外）；（3）增加信托财产的，应当公布新增信托财产的种类及数额；（4）变更信托受益人范围及选定的程序和方法的，应当公布变更后的受益人范围及选定的程序和方法；（5）其他依法需要公开的信息或说明的事项。若慈善信托重新备案的，变更后的慈善信托的受托人应当自收到备案回执后,在统一信息平台公开重新备案事项,包括:(1)变更受托人理由;(2)变更后的受托人名称;(3)原受托人出具的慈善信托财产管理处分情况报告;(4)其他依法需要公开的信息或说明的事项。

在慈善信托终止阶段,慈善信托的受托人应当将处理慈善信托事务的清算报告向备案的民政部门报告后,在统一信息平台公开清算报告。慈善信托若设置信托监察人,清算报告应事先经信托监察人的书面认可。

第六节 慈善信托受托人不当处分信托财产的撤销

中国《慈善法》第 48 条要求慈善信托的受托人履行诚信、谨慎管理的义务。但若慈善信托的受托人违反义务不当处分信托财产时,应产生何种法律效果,该法没有下文。由于受托人的行为与慈善信托的成败息息相关,因此,下文将结合中国《信托法》的相关规定,对慈善信托受托人不当处分信托财产的撤销权加以探讨。

一 信托财产不当处分撤销权的法理基础反思与实践困惑

(一)信托财产不当处分撤销权的法理基础反思

中国《信托法》之所以赋予委托人、受益人对信托财产不当处分行为的撤销权,认为其理由是:中国《民法通则》规定了民事主体对民事行为的内容有重大误解的,或民事行为显失公平的,当事人一方可以向人民法院申请撤销该行为,《信托法》是参照《民法通则》上的这种撤销之诉所作出的规定,并且《信托法》将委托人、受益人行使撤销权的时间限定为 1 年,也是为了与《民法通则》司法解释所规定的撤销权的行使期限保持一致。[①] 众所周知,《民法通则》上

---

① 全国人大《信托法》起草工作组:《〈中华人民共和国信托法〉释义》,中国金融出版社 2001 年版,第 72 页。

民事主体因对民事行为的内容有重大误解，或民事行为显失公平而行使撤销权的，撤销的对象是民事主体与相对方之间的民事行为，而非相对方与第三人之间的民事行为。但是，《信托法》所赋予的委托人、受益人撤销权的行使对象，则为受托人与第三人之间不当处分信托财产的行为，并非委托人或受益人与受托人之间的行为。因此，将受托人不当处分信托财产的行为定性为类似于重大误解或者显示公平的可撤销民事行为，从而使委托人、受益人享有撤销权的法理解释显然不妥当。

目前，中国法学界大多数学者均对委托人、受益人享有信托财产不当处分的撤销权持肯定态度，仅有少数学者对委托人享有信托财产不当处分的撤销权提出了否定观点。对委托人、受益人享有信托财产不当处分的撤销权持肯定态度的学者们所持有的理由主要如下：（1）信托成立后，受托人享有信托财产的管理运用与处分权，《信托法》赋予委托人对受托人不当处分信托财产行为的撤销权可以有效防止受托人故意或过失致使信托财产遭受损失，确保信托财产的安全，维护受益人的利益。[①]（2）为使委托人对信托运作的监控能够得以有效进行，并使委托人享有的在监控信托运作方面的系列权利显得完整，《信托法》应当授予委托人享有对受托人不当处分信托财产的撤销权。[②] （3）信托财产最终归属于受益人，当受托人不当处分信托财产时，受益人对受托人享有的信托利益给付请求权就会受到侵害。为排除这种侵害，《信托法》应当赋予受益人撤销权。[③] 对委托人享有撤销信托财产不当处分的权利持否定态度的学者认为，《信托法》赋予委托人撤销权会导致以下三个方面的不利后果：（1）出现一物三权的现象。委托人享有撤销权，意味着信托财产实质上的所有权归属于委托人。而受托人以自己名义处分信托财产并承担责任，也显示其对信托财产拥有所有权。受益人的撤销权，则属物权性质的权利。这样就违

---

① 徐孟洲：《信托法》，法律出版社2006年版，第83页。
② 张淳：《中国信托法特色论》，法律出版社2013年版，第221页。
③ 张军建：《论中国信托法中的委托人的撤销权——兼评中国〈信托法〉第22条》，《法学家》2007年第3期。

背了一物一权的理念。（2）信托财产的独立性受到损害。当委托人享有撤销权时，表明其对信托财产拥有潜在的所有权。委托人一旦负债或破产，债权人便可将信托财产列入委托人的固有财产而加以受偿，从而损害信托财产的独立性。（3）造成司法上的尴尬。由于委托人享有了撤销权，其债权人便可对信托财产行使追及权。法院一方面要维护信托财产的独立性，另一方面要支持委托人的债权人对信托财产行使权利，从而陷入司法上的尴尬境地。[1] 因此，主张删除中国《信托法》关于委托人享有信托财产不当处分撤销权的规定。由上述学者们的观点可见，对委托人、受益人享有信托财产不当处分的撤销权持肯定态度的学者是基于保护受益人的受益权而加以解释的，对委托人享有信托财产不当处分撤销权持否定态度的学者实际上是将委托人的撤销权定性为一种由物权而展开阐述的。

如上所述，中国《信托法》第22条、第49条分别赋予了委托人、受益人撤销受托人与第三人之间不当处分信托财产行为的权利。在中国私法体系中，对他人之间的法律行为享有撤销权者，当属债权人。依据中国《合同法》第74条的规定，债权人撤销权的成立要件，分为客观要件与主观要件。客观要件为债务人的行为有害债权；主观要件为债务人与第三人均有恶意，但该要件仅在债务人以明显不合理的低价将自己的财产转让给第三人的情形下适用。可见，中国民法上债权人撤销权的规范，对债权人干涉他人之间的法律行为规定了严格的条件，以平衡债权人、债务人与第三人之间的利益。但依中国《信托法》第22条、第49条的规定，委托人、受益人撤销受托人与第三人之间的不当处分信托财产的行为，并不以民法上债权人撤销权的成立要件为前提。例如，信托文件约定受托人不得转让信托财产，而受托人以市场价格转让该信托财产给第三人，该第三人对信托文件所约定的受托人权限并不知情。此时，若按照民法上债权人撤销权的成立要件，由于受托人的处分行为没有对信托财产造成损失，并且第三人

---

[1] 张军建：《论中国信托法中的委托人的撤销权——兼评中国〈信托法〉第22条》，《法学家》2007年第3期。

主观上也没有恶意，因此，委托人、受益人不得撤销受托人与第三人之间的处分行为。若依照中国《信托法》的上述规定①，则因受托人的转让行为导致了信托目的根本无法实现，故属于违反信托目的处分信托财产的行为，从而即使受托人与第三人之间的转让行为是基于市场公正价格为之，而且第三人主观上不存在恶意，委托人、受益人也享有撤销受托人与第三人之间处分行为的权利，只不过不知情的第三人不必返还财产而已。由此可知，中国《信托法》委托人、受益人的撤销权规范已破坏了民法为平衡当事人之间的利益而设定的撤销权规范。中国《信托法》基于保护受益人的利益而牺牲私法体系内的规范统一，其合理性殊值怀疑。已有学者注意到此问题，并指出，中国《信托法》要求委托人、受益人行使撤销权只能以自己的名义向法院申请，不能直接向受让人行使，这样规定主要可能是立法者意识到《信托法》上委托人、受益人的撤销权成立要件已经偏离了民法上关于撤销权的成立要件的规定，但在撤销权的行使方式上力求与民法上普通债权人的行使方式保持一致。②

那么，委托人、受益人的撤销权是否基于其对信托财产的权利属于物权呢？然而，众所周知，在中国的物权体系中，尚未有哪一种物权，其行使或效力必须通过撤销权来实现。无论是所有权人，还是用益物权人、担保物权人，在作为物权客体的物非依法辗转至他人之手时，其直接行使追及权即可，并不需要通过行使撤销权来实现对物权的保护。因此，基于委托人、受益人对信托财产的物权而主张其对信托财产不当处分享有撤销权不妥当。此外，从中国物权法原理和《信托法》的有关内容来看，委托人、受益人对信托财产也并不享有物权。因为：（1）由于中国物权法采取物权法定主义，物权的种类和

---

① 按照文义解释，中国《信托法》第 22 条第 1 款中的"致使"一词表示结果，应当与该条文中"因"一字相搭配。所以，对该条文应理解为委托人在以下两种情形下可以行使撤销权：（1）受托人违反信托目的处分信托财产；（2）受托人因违背管理职责、处理信托事务不当，致使信托财产受到损失。由全国人大常委会法制工作委员会原副主任卞耀武主编的《〈中华人民共和国信托法〉释义》一书（法律出版社 2002 年版，第 22 页）也认为委托人行使撤销权的条件为上述两种情形。

② 何宝玉：《信托法原理研究》，中国政法大学出版社 2005 年版，第 184 页。

内容由法律规定，无论是中国《信托法》还是其他法律，均未明确规定委托人、受益人对信托财产的权利为一种物权。① 若将委托人、受益人的权利定性为一种物权，将会产生创设新型物权的情形，与物权法定主义相违背。(2) 虽然中国《信托法》第 2 条规定，委托人将信托财产"委托"给受托人，而不是"转移"给受托人，但不能因此认为委托人就享有了信托财产的所有权。由该法的相关规定来分析，信托财产不归属于委托人。例如，信托设立后，委托人的财产应当与信托财产相区别；当作为自然人的委托人死亡时，委托人不是唯一受益人的，信托继续存在，其遗产范围不包括信托财产。② 如果《信托法》赋予委托人对信托财产享有所有权，信托财产与委托人的其他财产难道有必要相区别？当作为自然人的委托人死亡时，信托财产难道会不属于其遗产范围？另外，由于在信托存续期间，信托财产由受托人占有和管理，其所产生的收益归属于受益人，而委托人对信托财产不享有占有、使用、收益的权利，其不可能属于信托财产的用益物权人，当然更谈不上成为担保物权人。(3) 尽管中国《信托法》第 43 条、第 45 条只规定了受益人对信托财产享有受益权，并没有对受益权包括哪些具体的权利加以明确规定，③ 但按照民法的当然解释方法④，上述规定中包含着"受益人享受信托财产所产生的利益，此为信托受益权的固有内容"之意。即便如此，受益人也只能够请求受托人将信托财产所产生的利益交付给自己，并不能对其加以直接支配。实际上，中国《信托法》也要求受托人在信托存续期间承担向受益人交付信托财产所产生的利益的义务。⑤ 可见，受益人对信托财

---

① 正是由于中国现行法律未明文规定信托财产所有权的归属，因此法学界才对此存在着争议。参见张淳《信托法哲学初论》，法律出版社 2014 年版，第 148 页。
② 参见中国《信托法》第 15 条。
③ 参见中国《信托法》第 43 条前段规定："受益人是在信托中享有信托受益权的人。"该法第 45 条规定："共同受益人按照信托文件的规定享受信托利益。信托文件对信托利益的分配比例或者分配办法未规定的，各受益人按照均等的比例享受信托利益。"
④ 梁慧星：《民法解释学》，中国政法大学出版社 1995 年版，第 225 页。
⑤ 参见中国《信托法》第 34 条。

产及其所生利益享有的权利与物权的支配属性不相吻合。①（4）中国《信托法》第10条要求以有关财产设立信托的，应当办理登记手续。但此登记旨在公示某项财产为信托财产，不是受益人对信托财产取得物权的登记。中国的物权登记制度也并不存在信托受益人物权的登记。（5）若信托财产为金钱时，则在信托存续期间，受益人从未占有过该金钱，无论如何不能取得该金钱的物权。

基于目前在中国的信托行为多为商事信托的现实以及信托法的商事法属性，赋予委托人、受益人对信托财产不当处分的撤销权是否妥当呢？从表面上看，委托人、受益人可以自愿行使对信托财产不当处分的撤销权，似乎符合商法的自由精神与鼓励交易的基本原则。但实际上，商法所崇尚的自由精神是在安全保障之中的自由，鼓励交易的基本原则也是建立在保障交易安全基础之上的。②就受托人对信托财产的不当处分而言，即使该行为给信托财产造成了损失，只要委托人、受益人未行使撤销权，其就始终有效，那么将会对信托财产的安全十分不利。这不符合设立信托尤其是商事信托的宗旨，也与商法的精神和基本原则的真义相悖。况且，因某些事由（例如，撤销权的存续期间较短等），委托人、受益人可能无法通过行使撤销权来维护信托财产的安全。

综上所述，中国《信托法》中委托人、受益人对不当处分信托财产的行为享有撤销权的规范，已破坏了民法体系内债权人撤销权的规范，而又不能以委托人、受益人对信托财产享有物权作为该项撤销权合理存在的法理基础，还与商法的精神和基本原则的真义相悖。因此，中国《信托法》赋予委托人、受益人的此种撤销权，实有缺乏正当性的疑虑。

（二）信托财产不当处分撤销权的实践困惑

从实践来看，中国《信托法》对委托人、受益人享有信托财产不

---

① 中国已有学者明确主张信托受益权是一种债权。参见张淳《关于信托受益权的性质——对有关国家法学界有关研究的审视与检讨》，《湖南大学学报》（社会科学版）2010年第5期；周小明《信托制度：法理与实务》，中国法制出版社2012年版，第250页。

② 范健、王建文：《商法论》，高等教育出版社2003年版，第149页。

当处分的撤销权的规定带来了诸多困惑，不利于委托人、受益人利益的保护。具体而言：

其一，撤销权受除斥期间的限制。依中国《信托法》第22条第2款的规定，若委托人、受益人自知道或应当知道撤销事由之日起1年内不行使撤销权，该权利将消灭。在实践中，委托人、受益人因撤销权经过除斥期间而消灭，致使其利益得不到保护的案例时有发生。例如，在吉林省建苑设计集团有限公司诉四川信托有限公司信托纠纷一案中[①]，原告吉林省建苑设计集团有限公司诉称被告四川信托有限公司违背管理职责，出具的尽职调查报告与事实严重不符，致使向贷款方发放的信托资金无法收回，因此要求撤销被告四川信托有限公司的行为，并由其承担赔偿责任。而被告四川信托有限公司则辩称原告吉林省建苑设计集团有限公司起诉到法院时，其撤销权因经过了除斥期间而归于消灭，从而请求法院依法驳回其赔偿要求。最终法院驳回了原告吉林省建苑设计集团有限公司的诉讼请求。

其二，若委托人、受益人未行使撤销权，受托人对信托财产不当处分的行为便始终处于有效状态。此时，若受托人破产或偿付不能，而受让人又不必承担责任，这不利于保护委托人、受益人的利益。例如，在金新乳品信托计划案中[②]，金新信托公司与众多投资者签订合同，约定将募集的信托资金用于收购"北京三元种业""兵地天元"和"玛纳斯"三家公司的股权，但实际上受托人金新信托公司并没有以投资主体身份实施乳品信托计划，信托资金被挪作他用。在本案中，作为委托人兼受益人的投资者未行使撤销权，只是要求受托人金新信托公司承担违约责任。但金新信托公司因财产不足以承担责任而一度陷入破产境地，此时信托资金的受让人也不必承担责任，致使投资者遭受严重的损失。

其三，若委托人、受益人行使撤销权，根据中国《信托法》第22条第1款的规定，只有在信托财产的受让人明知受托人的处分行

[①] 参见四川省成都市中级人民法院（2015）成民初字第2449号民事判决书。
[②] 关于本案的详细案情，参见翁海华《金新信托事件聚焦：中国信托业呼唤制度建设》，《上海证券报》2004年7月14日第5版。

为不当而接受该财产时,才应予以返还或赔偿。这意味着若受让人应当知道受托人的处分行为不当而未知时,或无偿取得信托财产的,仍不必承担返还或赔偿之责。如此显然对委托人、受益人保护不力。例如,在王某与李某、中国水利水电第七工程局有限公司信托纠纷案中①,原告王某将其享有的对某公司的股权信托给被告李某,李某在未经原告书面授权的情形下,将该股权转让给了中国水利水电第七工程局有限公司,而该公司受让股权时对此并未加以核实。法院仅认为被告李某处分信托财产不当,应承担赔偿责任。本案中,受让人非明知被告李某的处分行为不当而接受该股权,但其应当知道而未知,按照中国《信托法》的现有规定,其仍不必承担责任。此时,若受托人的财产不能够承担赔偿责任,则会对委托人、受益人产生不利。

二 信托财产不当处分法律效果的比较法考察

(一) 英美法系信托财产不当处分的法律效果

在英国法上,将受托人不当处分信托财产的行为分为"处分本身违反信托"和"处分本身非违反信托"两种不同情形。②"处分本身违反信托"是指受托人违反信托条款而处分信托财产的行为。例如,信托条款禁止受托人转让信托财产或为特定投资,但受托人违反此限制而为转让或投资行为。"处分本身非违反信托"是指受托人处分信托财产的行为本身并未违反信托条款,或受托人并未为任何违反信托条款的处分行为,但是在管理上有过失导致信托财产受到损失。例如,受托人运用信托财产投资时,未充分发挥其技能对该投资项目加以尽职调查与分析,使得投资失败而造成信托财产的损失。可见,"处分本身违反信托"关注的焦点在于受托人的处分行为违反信托条款,而"处分本身非违反信托"则侧重于受托人管理上的过失。在上述两种情形下,若受托人将信托财产处分给第三人,只要受益人事后未追认,并

---

① 参见四川省成都市温江区人民法院(2013)温江民初字第801号民事判决书。
② Peter Millett, "Equity's Place in the Law of Commerce: Restitution and Constructive Trusts", *Law Quarterly Review*, Vol. 114, 1998, p. 214.

且不存在其他免责事由，受托人即应承担损害赔偿责任。① 换言之，受益人可对受托人提出请求，使其赔偿信托财产的损失，将信托财产恢复到若受托人没有不当处分行为而本应达到的价值。受益人除可请求受托人承担损害赔偿责任之外，还可选择追及信托财产。具体而言，受托人违反信托义务，将信托财产处分给第三人时，除非第三人为善意且有偿的受让人，则在受益人与第三人之间成立推定信托，推定第三人为受托人且须为既存信托的受益人保管其所受让的财产，并负返还责任。② 换言之，仅在第三人证明其善意并有偿取得信托财产的情况下，才能够阻止推定信托的成立，从而避免受益人的追及。

在美国法上，受托人一旦接受信托，即受到信托文件的条款的拘束，此种条款都规定了受托人的义务，违反受托人的义务，处分信托财产，不论是故意或过失所致，都构成信托财产的不当处分。③ 例如，受托人违反信托条款的规定，出卖本应予以保留的信托财产，或以信托财产购买本不应购买的财产，或因过失而错误地转让了信托财产等，均属于受托人处分信托财产不当的行为。④ 美国 2010 年《统一信托法典》第 10 章规定了受托人的责任及与受托人交易的相对人的权利。当受托人不当处分信托财产时，受托人应对受影响的受益人承担损害赔偿责任。另外，除非第三人为善意并支付了对价，受益人可以请求法院宣告受托人与第三人之间的处分行为无效，在信托财产上强制设立留置权，推定第三人与受益人之间成立信托关系，或者向第三人追及不当处分的信托财产。⑤

---

① Andrew Oakley, *Parker and Mellows: The Modern Law of Trusts*, Sweet & Maxwell Ltd., 9th ed., 2008, p. 867.

② 何宝玉：《信托法原理与判例》，中国法制出版社 2013 年版，第 459 页。

③ George G. Bogert & George T. Bogert, *The Law of Trusts and Trustee*, West Publishing Co., 1993, p. 551.

④ Restatement (Second) of Trusts § 202, § § 208 - 211 (1959).

⑤ Uniform Trust Code (2010), Section 1001 (b), "To remedy a breach of trust that has occurred or may occur, the court may: … (9) subject to Section 1012, void an act of the trustee, impose a lien or a constructive trust on trust property, or trace trust property wrong fully disposed of and recover the property or its proceeds."

（二）大陆法系信托财产不当处分的法律效果

在大陆法系信托法上，韩国和中国台湾地区将受托人对信托财产不当处分的行为分为"违反信托本旨"与"管理不当"两种情形。所谓"违反信托本旨"，是指违反信托契约之所定或委托人成立信托时的本来意图及目的。[1] 例如，受托人将应存入银行的款项为高风险投资而导致丧失本金。所谓"管理不当"，是指受托人违反管理信托财产应有的注意义务，不当处分信托财产的行为。例如，受托人以不当的廉价出售信托财产，造成信托财产的损失。[2] 韩国《信托法》第52条第1款、中国台湾地区"信托法"第18条第1款均规定，对于受托人的处分行为违反信托本旨的，受益人享有撤销权。又鉴于撤销权的行使，固然在于维护信托财产，以保障受益人的利益，但也不应使不知有信托存在的第三人受不测的损害，以兼顾交易安全的保障。因此，韩国《信托法》第52条第2款、中国台湾地区"信托法"第18条第2款规定，在信托财产已登记或注册，或第三人有故意或重大过失时，受益人才可撤销受托人的处分行为。但受托人因管理不当造成信托财产损失的，上述国家和地区的立法则另外作了规定。依中国台湾地区"信托法"第23条、韩国《信托法》第38条的规定，受托人因管理不当致信托财产发生损害时，委托人、受益人有权请求受托人以金钱赔偿信托财产所受损害或回复原状，并可请求减免报酬。

然而，与韩国和中国台湾地区对信托财产不当处分的立法态度不同，日本2006年修改后的《信托法》并没有严格区分受托人的处分行为是"违反信托本旨"，还是"管理不当"，而是统一规定了不当处分信托财产的法律效果。[3] 日本《信托法》第27条以"撤销受托人违反权限的行为"为标题，规定了受托人处分信托财产的行为属于权限外的行为时，受益人享有撤销权。但受益人行使撤销权受到两个

---

[1] 朱柏松：《论受托人违反信托本旨处分信托财产之效力：评"最高法院"八十九年度台抗字第五五五号裁判》，《月旦法学杂志》2002年总第82期。

[2] 王志诚：《信托法》，五南图书出版股份有限公司2011年版，第193页。

[3] 日本旧《信托法》第31条的规定，则与韩国、中国台湾地区对信托财产不当处分的立法态度一致。

条件的限制：一是第三人知道或因重大过失不知道受托人的处分行为不属于其权限范围。二是第三人知道受托人所处分的财产是信托财产。如果受托人处分的财产，属于已经进行了信托登记或登录的财产，则可以产生对抗第三人的效力，即视为第三人知道受托人处分的财产是信托财产。[1]

可见，日本、韩国、中国台湾地区信托法对信托财产不当处分撤销权都规定了严格的行使要件，且这种权利仅能由受益人行使。日本有学者指出，之所以行使撤销权的人只限于受益人，是因为受益人对信托财产具有最大利害关系，可以考虑一下这种情形：卖出信托财产虽然构成违反信托本旨，但是出卖的价格却比一般的市场价格要高，此时究竟是对受托人不当处分信托财产的行为表示同意，还是撤销处分行为，最好交由受益人自身来做出决定。[2] 不过，也有学者认为，大陆法系信托法关于受益人行使撤销权的要件中虽然强调了第三人主观上应具有故意或重大过失，但没有区分有偿取得和无偿取得、以相当对价取得和未以相当对价取得，实为一处疏漏，在解释上无偿取得或无相当对价取得信托财产的人，对其保护不应优于受益人。[3]

比较两大法系国家和地区信托法信托财产不当处分的法律效果可知，英美信托法未赋予委托人、受益人对受托人不当处分信托财产行为的撤销权，大陆法系的日本、韩国、中国台湾地区信托法则授予受益人撤销受托人不当处分信托财产的权利，但并未授予委托人享有信托财产不当处分的撤销权。另外，英美信托法、日本信托法未根据受托人是否违反信托本旨处分信托财产而对受托人处分信托财产的法律效果作出不同的规定，韩国和中国台湾地区的信托法则按照受托人的处分行为是否违反信托本旨而对其法律效果作出了不同的规定。相较而言，英美信托法在维护第三人利益，保护交易

---

[1] ［日］道垣内弘人：《信托法入门》，姜雪莲译，中国法制出版社 2014 年版，第 67—68 页。
[2] ［日］能见善久：《现代信托法》，赵廉慧译，中国法制出版社 2011 年版，第 158 页。
[3] 谢哲胜：《信托法》，元照出版有限公司 2009 年版，第 167 页。

安全的同时，更注重对受益人的保护，法律规则的设计更周密、全面，救济方式更多样，比大陆法系信托法更胜一筹。① 早在20世纪初日本制定《信托法》之际，就有学者检讨过受托人不当处分信托财产时，受益人对抗第三人的法律救济方法，但由于英美法上的推定信托（Constructive Trust）对大陆法系而言过于特殊和陌生，所以最终决定采纳撤销权。② 而日本在《信托法》制定过程中，将受益人的救济方式，从推定信托转为撤销权，此举亦被韩国和中国台湾地区制定信托法时仿效。③

三　中国《信托法》对信托财产不当处分的应然态度

（一）中国对两大法系信托法关于信托财产不当处分的态度的参酌

信托在中国属舶来品，在中国《信托法》的制定过程中，立法者一方面借鉴了大陆法系的日本、韩国和中国台湾地区等信托立法关于信托财产不当处分的相关规定，赋予了受益人撤销权；另一方面又对此项权利的行使进行了改造。这表现为：（1）在撤销权的行使主体上，中国《信托法》规定不仅受益人可以行使该权利，而且委托人也可以行使此项权利。而日本、韩国和中国台湾地区的信托法只赋予受益人对信托财产不当处分行为享有撤销权，委托人则不享有此项权利。（2）在撤销权的行使条件上，中国《信托法》除了规定"受托人违反信托目的处分信托财产"之外，还规定了"受托人违反管理职责、处理信托事务不当"的情形。④ 而韩国、中国台湾地区的信托法仅将受托人违反信托本旨处分信托财产作为撤销权行使的条件，没有将委托人违反管理义务作为撤销权行使的条件，日本《信托法》

---

① 何宝玉：《信托法原理研究》，中国政法大学出版社2005年版，第462页。
② 参见［日］山田昭《信托法立法过程之研究》，日本劲草书房1981年版，第153页，转引自吴英杰《论受托人违反信托本旨而为信托财产之处分：救济方法及其法理基础》，《台大法学论丛》2015年第2期。
③ 吴英杰：《论受托人违反信托本旨而为信托财产之处分：救济方法及其法理基础》，《台大法学论丛》2015年第2期。
④ 参见中国《信托法》第22条第1款。

则没有区分受托人的行为是违反信托本旨还是违反管理义务。另外，如前所述，依文义解释，中国《信托法》第 22 条要求受托人违反管理义务时，应给信托财产造成损失，委托人、受益人方可行使撤销权。而日本、韩国和中国台湾地区的信托法均未将信托财产受到损失作为受益人撤销权的行使条件。（3）在对第三人的效力上，中国《信托法》只规定第三人承担责任的主观要件为"明知"受托人处分信托财产的行为不当，没有规定第三人"因重大过失而未知"受托人不当处分信托财产的情形下也应承担责任。而日本、韩国和中国台湾地区的信托法均以第三人明知或因重大过失不知受托人的行为违反信托本旨，作为承担责任的主观要件。另外，韩国和中国台湾地区的信托法还将信托财产已经依法办理信托公示的，视为第三人明知受托人的处分行为违反信托本旨，日本《信托法》则强调即使信托财产已登记或登录，也要求第三人知道或因重大过失不知道受托人不当处分行为的性质。[①] 而中国《信托法》上的信托登记制度十分简单[②]，形同虚设，哪些信托财产应当登记，登记机构是何种机构等均不明确，因此也就不存在与上述情形类似的规定。值得一提的是，2016 年 12 月中国信托登记有限责任公司正式成立，但该公司的主要职能是登记信托公司发行的信托产品，至于中国《信托法》所规定的信托财产的登记不在该公司的业务范围之内。

然而，如上所述，中国《信托法》赋予委托人、受益人对信托财产不当处分的撤销权，缺乏正当的法理基础，应当予以修正。通过比较法考察，我们发现，英美信托法没有赋予受益人对信托财产不当处分的撤销权，而是规定受益人可以选择请求法院宣告受托人与第三人之间的行为无效，或在信托财产上强制设立留置权，或推定第三人与受益人之间成立信托关系，或向第三人追及不当处分的信托财产等。

[①] 日本旧《信托法》第 31 条的规定与韩国、中国台湾地区的立法态度相同，日本学者批评意见认为，只要进行了信托登记或登录，不考虑第三人主观状态就承认撤销权，有害于交易安全。因此，日本 2006 年的《信托法》对此作了修改。参见 [日] 能见善久《日本新信托法的理论课题》，赵廉慧译，《比较法研究》2008 年第 5 期。

[②] 参见中国《信托法》第 10 条。

笔者认为，由于中国民法对留置权的设立规定了严格的条件，须债务人没有履行到期债务；债权人已经占有属于债务人的动产，留置物与债权之间有牵连关系。当受托人不当处分信托财产给第三人时，在信托财产上强制设立留置权，会与中国留置权的成立要件相去甚远，因此不宜盲目引入，恐破坏中国民法上既有的留置权规范。另外，推定信托是英美衡平法为纠正当事人的不法行为，根据公平正义原则而创立的信托。例如，甲以欺诈方式取得乙的财产权，法院为保护乙的利益，可成立推定信托，使甲成为乙的受托人，具有为乙的利益而持有该财产的义务。[1] 可见，推定信托的设立与委托人的意思没有任何关系，不过是法院纠正不公正的财产关系的救济手段。尽管有学者建议，在信托财产的受让人为恶意或无偿受让等情形下，大陆法系信托法可引进英美法的推定信托制度[2]，但其必要性与可行性值得怀疑。因为：其一，大陆法系属于成文法系，法官没有造法的功能。中国在立法体例上属于大陆法系，《信托法》上的信托成立，均需要有委托人的意思，不承认不具有委托人意思而设立的推定信托，法官也没有创设推定信托这一信托类型的权力。其二，在运用推定信托法理的同时，尚应考量在既有的私法体系下，是否无法公平正义地解决争议或调和当事人间的利益。如果依据已有的私法制度，对受益人利益、第三人利益能够取得相当程度的利益衡平，似乎无直接引进推定信托制度的必要。从后文的论述看，对信托财产不当处分行为的法律效果而言，中国并无必要引进推定信托制度。

（二）对中国《信托法》关于信托财产不当处分的态度的建议

王泽鉴先生指出："财产可分为一般财产与特别财产，前者指属某人的财产；后者指由一般财产分离的一定财产。特别财产的形态有两种：（1）一定的财产属数人共同共有，合伙财产为其著例……（2）一人除主财产外，尚有一个或数个特别财产，如未成年人的特有财产、夫妻特有财产、限定继承财产以及信托财产。""关于特别

---

[1] 周小明：《信托制度：法理与实务》，中国法制出版社2012年版，第59页。
[2] 方嘉麟：《信托法之理论与实务》，中国政法大学出版社2004年版，第345页。

财产，适用类型强制原则，即须有法律规定，当事人不得创设；法律规定特别财产之目的，涉及一定财产的管理、处分、使用收益、代偿物的归属，及债务责任等，因各个特别财产而不同。"① 由此可知，信托财产作为一项特别财产，关于其管理、处分、使用收益等事项，均应由信托法规定。而依据中国《信托法》的规定，信托财产虽然由受托人加以管理、处分，但其具有独立性效力②，受托人应按照法律的规定或信托文件约定的权限妥善处理信托事务。受托人不当处分信托财产的行为（无论是违反信托目的，还是违背管理义务），在性质上属于一种特殊的无权处分行为，应比照民法关于无权处分行为的规定进行处理。这种特殊性在于：一般的无权处分行为中，无权处分人处分的对象是他人的动产或不动产，而受托人不当处分行为中，其处分的对象则为一项独立财产。中国《合同法》第51条规定，对无权处分行为，若权利人予以追认，或无处分权的人事后取得处分权，则该行为有效。据此，受托人不当处分信托财产的行为，未经有关权利人追认，或事后未取得处分权的，该处分行为应当无效。由于受益人对信托财产享有受益权，受托人不当处分信托财产，无疑会对受益人的利益直接产生影响，因此，受益人应当享有是否追认受托人行为的权利。此外，在英美信托法上，信托一旦有效设立，委托人便退出了信托关系，对该项信托不再享有任何权利，除非在信托文件中明确保留有关权利。③ 而大陆法系信托法虽然规定了委托人享有干预信托运作的某些权利④，但对受托人不当处分信托财产的情形，缺乏关于委托人介入权利的规定。尽管不少学者对大陆法系信托法上规定委托人干预信托运作的权利提出了否定性评价⑤，但笔者认为，委托人设立信托具有一定目的，此目的的实现需要通过受托人的行为来执行。可见，委托人与信托存在利害关系。因此，信托法确认委托人干预信

---

① 王泽鉴：《民法总则》，北京大学出版社2009年版，第218页。
② 参见中国《信托法》第15条至第18条。
③ D. J. Hayton, *The Law of Trusts*, Sweet & Maxwell Ltd., 2003, p. 178.
④ 张淳：《中国信托法特色论》，法律出版社2013年版，第191—194页。
⑤ 张天民：《失去衡平法的信托》，中信出版社2004年版，第366页。

托运作，享有对受托人行为（包括对受托人不当处分信托财产的行为）的监控权，具有合理性。由此可知，当受托人不当处分信托财产时，委托人也应当享有追认此种行为与否的权利。

在无权处分情形下，为保护善意第三人的利益，中国民法确立了善意取得制度。依据该法的规定，只要受让人主观上为善意，交易的价格合理，并且依法办理了登记或交付手续的，受让人便有权取得无权处分财产的所有权，否则，所有权人便有权将该财产追回。应当说，这一规定包含的"在无权处分的情形下无偿取得财产的受让人，即使主观上具有善意，也不能取得该项财产的所有权，当所有权人表示追回时仍应向后者返还该项财产"这一内容无疑是合理的。据此，当受托人不当处分信托财产时，若该信托财产的受让人主观上为恶意（明知或应当知道受托人处分信托财产的行为不当），或者虽然主观上为善意，但是无偿取得信托财产的，便应承担返还财产或者赔偿损失的责任。另外，随着中国信托登记制度的完善，将来必然会出现进行了信托登记的财产。对于这类财产，虽然已对社会公示其属于信托财产的事实，但受托人是否违反信托义务，处分信托财产不当，单靠登记这样的事实并不能为公众完全知晓，还必须仔细查阅信托文件的相关规定，才能作出判断。换言之，某项财产即使公示为信托财产，对其处分未必就超出了受托人的权限范围。因此，某项财产已登记为信托财产，不能成为第三人明知或应当知道受托人对该项财产处分行为不当的理由。就此而言，日本《信托法》的规定比韩国、中国台湾地区信托立法的相关规定显得更合理，值得中国《信托法》借鉴。值得注意的是，中国《信托法》第22条虽然规定了在何种情形下受让人应返还信托财产，但并未明确受让人将信托财产返还给谁，这实为一处缺陷。由于信托存续期间，信托财产必须由受托人占有、管理，因此，受让人应向受托人返还信托财产，并不能向委托人、受益人返还信托财产。

综上所述，笔者认为，受托人对信托财产的不当处分，在性质上是一种特殊的无权处分行为，对这种行为的法律效力，应采取如下规定较为妥当："受托人违反信托义务，处分信托财产不当的，未经委托人或者受益人追认，或者事后未取得处分权，该处分行为无效。委托人或者受益人有权请求受托人恢复原状或者赔偿损失。无论该信托财产是否已经依法进行了信托登记，只要受让人无偿接受的，或者明知或者应当知道受托人违反信托义务而有偿接受的，便应当向受托人返还或者赔偿信托财产的损失。委托人与受益人意见不一致或者共同受益人之间意见不一致的，可以申请人民法院作出裁定。"至于如何认定受让人"应当知道受托人违反信托义务"，可根据受让人的知识背景、交易经验；交易价格是否明显低于市场价格等因素加以判断。若中国《信托法》采取如此规定，则将具有以下两方面的意义：一方面，有利于消除中国《信托法》现行规定缺乏正当的法理基础的疑虑。按照上述观点处理受托人对信托财产不当处分的法律效果，与中国民法上既有的理论体系相契合。同时，也符合商法蕴含的保障交易安全的基本理念，因为将不当处分信托财产的行为原则上认定为无效行为（经委托人或受益人追认，或受托人事后未取得处分权，该行为方可有效），意味着通常情形下该行为自始无效、当然无效，受托人与受让人便应当返还财产或赔偿损失（受让人为善意第三人的除外），这对保障信托财产的安全十分有利。另一方面，有利于解决信托财产不当处分撤销权在实践中面临的困惑。对受托人不当处分信托财产的行为，委托人或受益人可追认、受托人事后可取得处分权，均不受除斥期间限制；若委托人、受益人未追认，或受托人事后未取得处分权，受托人不当处分的行为始终处于无效状态，无论受托人还是受让人，均应承担相应的责任，除非受让人符合善意取得的要件；受让人不仅在明知受托人的处分行为不当时应承担责任，且在应知而未知，或无偿接受信托财产时，也应承担责任。这样，无疑有利于更好地保护委托人、受益人的利益。

第七节 慈善信托受托人的民事赔偿责任

慈善信托受托人违反信托的民事赔偿责任是指慈善信托受托人因违反管理或处分信托财产的义务致使信托财产遭受损失而依法承担的

民事赔偿责任。两大法系国家和地区的信托法均规定了这种民事赔偿责任。中国《信托法》对这一民事赔偿责任虽有规定，但这些规定较为简略，且存在不合理之处。鉴于此，笔者拟从法理和比较法的角度对这种民事赔偿责任进行探讨，并就完善中国《信托法》的相关规定提出建议。

一 受托人违反信托的民事赔偿责任的性质

关于受托人违反信托的民事赔偿责任的性质，目前中国法学界存在以下两种不同的观点：一是兼具违约责任和侵权责任说。该说法认为，在信托法律关系中，受托人和受益人之间既有物权关系又有债权关系，受托人实施违反信托的行为，一方面可能因其不履行信托目的要求其履行的管理、处分信托财产、给付信托利益的义务而具有债务不履行性质；另一方面可能因其积极实施违反信托目的的管理、处分行为，侵害了受益人的利益而具有侵权行为的性质，因此，受托人违反信托的民事赔偿责任兼具违约责任和侵权责任的双重性质。[①] 二是独立民事责任说。这种学说认为，受托人违反信托的民事赔偿责任既不是违约责任也不是侵权责任，而是一种独立的民事责任，其理由是受托人负有的与管理信托财产有关的义务系以信托财产为履行对象而不是以受益人或委托人为履行对象，受托人违反与管理信托财产有关的义务的行为仅以信托财产为侵害对象而非以受益人的财产为侵害对象；各国和地区的信托法中有"赔偿信托财产的损失"之规定，据此，受托人违反信托的赔偿责任系以信托财产为承担对象，而不是以受益人或委托人为承担对象。[②]

笔者认为，上述两种观点都不合理，受托人违反信托的民事赔偿责任的性质应为侵权责任。理由如下。

第一，受托人违反信托的民事赔偿责任不符合违约责任的构成要

[①] 余卫明：《论信托受托人的民事责任》，《中南大学学报》（社会科学版）2007年第4期。

[②] 张淳：《试论受托人违反信托的赔偿责任——来自信托法适用角度的审视》，《华东政法学院学报》2005年第5期。

件。根据合同法原理，违约责任的构成要件应包括：合同当事人一方有违约行为、合同另一方当事人或特定第三人（第三人利益合同中的第三人）因违约行为受到损害。众所周知，信托的设立方式有很多种，除可以合同方式设立之外，还可以以遗嘱、宣言[1]等方式设立。在遗嘱信托、宣言信托等情形下，受托人与受益人或委托人之间不存在合同关系，受托人违反信托承担的民事赔偿责任显然不属于违约责任。单就以合同方式设立的信托而言，由于信托合同的当事人为委托人和受托人，受益人并非信托合同的当事人，而信托合同与第三人利益合同又存在重大差异[2]，受益人也不属于第三人利益合同中的第三人。因此，受托人对受益人没有合同义务，其违反信托时对受益人自然就无违约责任可言。委托人虽然为信托合同的当事人，但各国和地区的信托法均确定委托人不享有信托财产的所有权[3]，且信托利益归受益人而非委托人享有（如果委托人为唯一受益人或受益人之一，其仅以受益人的身份享有信托利益），因而，受托人违反信托不会对委托人造成损害，受托人对委托人便不应承担民事赔偿责任。此外，若将受托人违反信托的民事赔偿责任定性为违约责任，则无法解释为何受托人为法人时其有关成员（董事、经理等）应就该受托人违反信托的行为承担连带赔偿责任[4]。因为法人受托人的成员与委托人或受益人之间不存在合同关系，其对委托人或受益人不负有合同义务，即

---

[1] 指委托人为受益人的利益或特定目的而决定以自己为受托人的宣示。

[2] 对这些差异，详见周小明《信托制度比较法研究》，法律出版社1996年版，第24页。

[3] 英美信托法和大陆法系国家、地区信托法均确定委托人一旦将财产交付信托，即丧失对该财产的所有权。参见周小明《信托制度比较法研究》，法律出版社1996年版，第13页。中国《信托法》第2条虽然规定委托人将信托财产"委托"给受托人，但委托的含义是委托人将一定事务交由他人处理，就其对外关系而言，可以产生代理、行纪、信托等不同的关系，不能因使用了"委托"一词就认为信托财产所有权仍归委托人，且从该法的有关规定看，可以确定委托人不享有信托财产所有权。例如，该法第15条规定："设立信托后，委托人死亡或者依法解散、被依法撤销、被宣告破产时，委托人是唯一受益人的，信托终止，信托财产作为其遗产或清算财产；委托人不是唯一受益人的，信托存续，信托财产不作为其遗产或者清算财产"，只不过将其受益权作为遗产或者清算财产。

[4] 参见日本《信托法》第34条、韩国《信托法》第40条、中国台湾地区"信托业法"第35条等。

使认为法人受托人就其违反信托的行为承担的民事赔偿责任为违约责任，委托人或受益人也只能追究法人受托人的责任而不能追究其成员的责任。

第二，主张受托人违反信托的民事赔偿责任为独立民事责任的理由不能成立。法学界的通说认为，民事义务是义务人为满足权利人的利益而为一定行为或不为一定行为的必要性；民事责任是义务人违反民事义务而应对权利人承担的法律后果。[1] 可见，任何民事义务都是义务主体（人）对权利主体（人）的义务，任何民事责任均为责任主体（人）对权利主体（人）的责任。而信托财产无论如何都不属于一个权利主体。例如，信托财产不能以自己的名义对外从事民事活动以及信托财产的所有权实质上归受益人享有[2]等，均与信托财产的权利主体性相冲突。因此，独立民事责任说认为受托人向信托财产履行义务和承担赔偿责任在法理上是说不通的。诚然，一些国家和地区的信托法中有"赔偿信托财产的损失"的规定[3]，但这并不意味着受托人违反信托的民事赔偿责任以信托财产为承担对象。因为在受托人违反管理或处分信托财产的义务致使信托财产遭受损失的情形下，受害者仅为受益人。受托人本应向受益人赔偿损失，然而信托财产须由受托人进行管理或处分，信托目的才能实现，若受托人向受益人直接

---

[1] 梁慧星：《民法总论》，法律出版社2004年版，第81、84页；马俊驹、余延满《民法原论》（上），法律出版社1998年版，第82页。

[2] 在英美信托法中受益人对信托财产享有衡平法的所有权，而大陆法系国家和地区以及中国《信托法》则规定受益人对信托财产享有受益权。从衡平法的所有权和受益权的内容来看，信托财产的所有权（大陆法系意义上的所有权）实质上归属于受益人。例如，当受托人违反信托宗旨处分信托财产时，受益人有权行使追索权（英美信托法中）或撤销权（大陆法系国家和地区以及中国信托法中）而从第三人处取回信托财产，这与所有权的追及性相一致。当信托文件对信托终止后信托财产的归属没有其他安排时，信托财产自动归受益人所有，这与所有权的弹力性相吻合，即所有权的权能因他物权的设定而与整体的所有权相分离，然而所有权并不因此丧失其支配力，一旦所设定的他物权消灭，所有权的权能便回归原位，所有权就恢复其全面支配的圆满状态。上述特性结合信托财产的利益归属于受益人、当他人强制执行信托财产时受益人有异议权等，可以表明衡平法上的所有权和受益权具有大陆法所有权的属性。

[3] 参见中国台湾地区"信托法"第23条。但在日本、韩国和中国《信托法》中无此种规定。

给付损害赔偿额,将导致受托人所占有的信托财产价值减少甚至消灭,势必影响信托目的的实现,故受托人对受益人的损害赔偿额应归入信托财产范围从而使该项财产回复原状。有关国家和地区的信托法中规定"赔偿信托财产的损失"的意义即在于此。况且从日本、韩国和中国台湾地区信托业法的规定看,受托人违反信托的民事赔偿责任是以受益人为承担对象而不是以信托财产为承担对象的。例如,中国台湾地区"信托业法"第 34 条第 1 款规定,信托业为担保其因违反受托人义务而"对受益人所负之损害赔偿责任",应提存赔偿准备金。日本《信托业法》第 7 条和韩国《信托业法》第 16 条也有类似的规定。

第三,受托人违反信托的民事赔偿责任符合侵权责任的基本特征,且将其定性为侵权责任能够克服违约责任说的局限性。根据侵权行为法原理,侵权责任是民事主体因实施侵权行为而应承担的民事法律后果;侵权行为是民事主体不法侵害他人财产或人身权利的行为。而依各国和地区信托法的规定,受益人对信托财产享有所有权或受益权,受托人则负有为受益人的利益妥善管理或处分信托财产的义务。受托人实施的管理或处分信托财产的行为违反信托法规定的义务,致使信托财产受到损失,这无疑侵害了受益人的所有权或受益权,因此,受托人违反信托的民事赔偿责任的性质应属于侵权责任。而且,将受托人违反信托的民事赔偿责任定性为侵权责任能够很好地解释为何遗嘱信托和宣言信托等情形下受托人与受益人或委托人之间没有合同关系而应就其违反信托的行为承担民事赔偿责任,以及受托人为法人时其有关成员应就该受托人违反信托的行为承担连带赔偿责任的问题。对前者,系因为受托人违反了信托法规定的义务,侵害了受益人的所有权或受益权;对后者,系由于法人受托人的有关成员为该受托人违反信托的行为的具体实施者,现代侵权行为法中的自己责任原则要求行为人必须为自己的侵权行为承担相应的民事责任,法人受托人的有关成员是为自己的侵权行为而不是为该受托人的违约行为承担赔偿责任。

二 受托人违反信托的民事赔偿责任的归责原则

各国和地区的信托法实际上均一致将过错责任原则确立为受托人违反信托的民事赔偿责任的归责原则。这一态度在英美信托法中是以"只要受托人在执行信托事务的过程中不存在疏忽大意或者故意"这一较为明确的方式体现的。[①] 大陆法系国家和地区的信托法以及中国《信托法》尽管未明确规定只有在受托人因过错违反管理或处分信托财产的义务时才承担赔偿责任,但这些信托法均一致规定了受托人负有谨慎或注意义务[②](这一义务属于主观义务)。信托法确认受托人负有这一义务的实质,显然在于要求受托人以符合法律要求的谨慎或注意态度来履行管理或处分信托财产的其他义务(这些义务均为客观义务)。[③] 正是由此点,决定了受托人对这些客观义务的违反,除非法律另有规定,否则只有当系由于其在履行它们时,未持有符合法律要求的谨慎或注意态度所使然,才应当承担民事赔偿责任。这些信托法确认过错责任原则为受托人违反信托的民事赔偿责任的归责原则由此显现。[④]

然而,各国和地区信托法对过错责任原则能否适用于受托人违反分别管理信托财产的义务所产生的民事赔偿责任以及受托人委托的代理人处理信托事务不当所产生的民事赔偿责任方面却存在差异,这具体表现为如下几个方面。

其一,对受托人违反分别管理信托财产的义务所产生的民事赔偿责任,英美信托法和中国《信托法》确认适用过错责任原则,而大

[①] 参见英国《受托人法》第 61 条;美国《信托法重述》(第 2 次)第 253 条第(a)款。

[②] 参见日本《信托法》第 20 条、韩国《信托法》第 28 条、中国台湾地区"信托法"第 22 条、中国《信托法》第 25 条第 2 款。

[③] 这些义务包括按照信托目的或信托行为的要求管理信托财产的义务、忠实于受益人的义务、分别管理信托财产的义务、建立信托账簿的义务和亲自管理信托财产的义务等。参见张淳《试论受托人违反信托的赔偿责任——来自信托法适用角度的审视》,《华东政法学院学报》2005 年第 5 期。

[④] 在日本和中国法学界,已有学者将受托人管理或处分信托财产时存在故意或过失作为其承担赔偿责任的要件。参见〔日〕中野正俊、张军建《信托法》,中国方正出版社 2004 年版,第 173 页。

陆法系国家和地区信托法则采取无过错责任原则。由于信托关系当事人的权利义务是围绕着信托财产而展开的，没有独立可辨别的信托财产，便无信托，因此各国和地区的信托法均规定了受托人负有分别管理信托财产的义务。分别管理信托财产的义务属于受托人管理或处分信托财产的客观义务之一，违反此义务的民事赔偿责任，则为受托人违反信托的民事赔偿责任的一种。由于英美信托法和中国《信托法》对这种民事赔偿责任适用的归责原则未做出例外规定，因此，可以认为这些信托法确立的过错责任原则能够适用于这种民事赔偿责任。但在大陆法系国家和地区信托法中，对这种民事赔偿责任则不适用过错责任原则，而是采取了无过错责任原则。例如，中国台湾地区"信托法"第24条第3款规定，受托人违反分别管理信托财产的义务，"如因而致信托财产受损害者，受托人虽无过失，亦应负损害赔偿责任"。日本《信托法》第29条和韩国《信托法》第39条对此也有实质内容上相同的规定。

其二，对受托人委托的代理人处理信托事务不当所产生的民事赔偿责任，大陆法系国家和地区信托法确认适用过错责任原则，而英美信托法和中国《信托法》则采取无过错责任原则。信托系以当事人之间的信赖关系为基础，因此原则上受托人应亲自处理信托事务。但若信托文件另有规定或有不得已的事由时，应允许受托人委托代理人处理信托事务。对此，各国和地区信托法均持肯定态度。然若受托人选任不适任的代理人处理信托事务或怠于监督代理人的行为，致使信托财产发生损失时，在本质上乃管理或处分信托财产不当，其理应负民事赔偿责任。对这种民事赔偿责任，大陆法系国家和地区信托法均确认适用过错责任原则，即受托人只有在选任或监督代理人有过错时，才承担民事赔偿责任。例如，中国台湾地区"信托法"第26条第1款规定，受托人使第三人代为处理信托事务者，"仅就第三人之选任与监督其职务之执行负其责任"。在此点上，日本《信托法》第26条和韩国《信托法》第37条均有内容相同的规定。但英美信托法和中国《信托法》对这种民事赔偿责任则采取无过错责任原则。在英美信托法中，受托人对其代理人的作为或不作为,都应承担责任。① 中国《信托法》第30条第2款规定:"受托人依法将信托事务委托他人代理的,应当对他人处理信托事务的行为承担责任。"这意味着即使受托人就代理人的选任和监督没有过错,其仍将对代理人处理信托事务不当造成信托财产的损失承担民事赔偿责任。可见,此时受托人承担的是无过错责任。

笔者认为,由于信托是为受益人的利益而设计的一种财产管理制度,受托人违反信托的民事赔偿责任应当体现出对受益人利益的保护。而确认受托人违反分别管理信托财产的义务所产生的民事赔偿责任以及受托人委托的代理人处理信托事务不当所产生的民事赔偿责任适用无过错责任原则,对受益人的保护在程度上明显高于适用过错责任原则提供的保护。由此可以认为,大陆法系国家和地区信托法对受托人违反分别管理信托财产的义务所产生的民事赔偿责任确立的无过错责任原则,以及英美信托法和中国《信托法》对受托人委托的代理人处理信托事务不当所产生的民事赔偿责任确立的无过错责任原则,显然具有较高的合理性。因此,建议中国《信托法》采纳大陆法系国家和地区信托法的规定,将受托人违反分别管理信托财产的义务所产生的民事赔偿责任适用无过错责任原则。

三 受托人过错的认定

两大法系国家和地区的信托法对受托人过错的认定标准有不同的规定。英美信托法确认由受托人负有谨慎义务,要求受托人在原则上只应当以一个普通的人与处理自己事务时相同的谨慎态度来管理信托财产,但是,如果受托人是专门经营信托业务的机构,其谨慎标准则有所提高,应为其所处行业从业人员的职业技能和注意程度;如果受托人声称自己具备更高的技能和注意程度,则应将其所声称具备的技能和注意程度作为衡量其行为的谨慎标准。② 这意味着若受托人未尽

---

① 参见英国《受托人法》第25条第7款;美国《信托法重述》(第2次)第257条。
② 参见[英]D.J.海顿《信托法》,周翼、王昊译,法律出版社2004年版,第155页;美国《信托法重述》(第2次)第174条。

到上述的谨慎义务，则可认定其存在过错。大陆法系国家和地区信托法则规定受托人负有善良管理人的注意义务。[①] 善良管理人的注意是大陆法系民法上的一个术语，法学界认为，此注意比"一般人应有的注意""处理自己的事务为同一的注意"要求更高，须达到受托人所从事的职业或阶层应该普遍要求达到的注意程度。[②] 据此，若受托人是以从事信托为职业的人，如信托公司，两大法系信托法均确认其未达到该职业所要求的高度的注意能力，即认定其存在过错；若受托人为一般的人，英美信托法确认其未达到与处理自己的事务为同一的注意，或未达到其声称所具有更高的技能和注意程度，即认定其具有过错，而大陆法系国家和地区信托法则认为其未达到受托人职业或阶层所普遍要求达到的注意程度，便认定其具有过错。

中国《信托法》第 25 条第 2 款规定："受托人管理信托财产，必须恪尽职守，履行诚实、信用、谨慎、有效管理的义务。"但该法未明确规定这一义务所要求的谨慎态度的具体内容。

笔者认为，受托人既基于信赖关系管理或处分信托财产，自须依信托行为所定意旨，积极实现信托目的，从而其注意义务不能以与处理自己事务同一注意为已足，应科以善良管理人的注意义务，以处理信托事务，而且，在信托制度的启蒙阶段，以法律明文规定受托人应尽善良管理人的注意义务，有助于促进受托人谨慎行使信托财产的管理或处分权，以更好地保护信托财产的安全和受益人的利益。因此，建议中国《信托法》借鉴大陆法系国家和地区信托法的规定，明确规定受托人应以善良管理人的注意管理或处分信托财产。

四 受托人违反信托的赔偿范围

对受托人违反信托的赔偿范围，两大法系国家和地区信托法的规定不尽相同。英美信托法确认受托人的赔偿范围应当包括信托财产的

[①] 参见日本《信托法》第 20 条、韩国《信托法》第 28 条、中国台湾地区"信托法"第 22 条。

[②] 曾世雄：《损害赔偿法原理》，中国政法大学出版社 2001 年版，第 82 页；马俊驹、余延满：《民法原论》（上），法律出版社 1998 年版，第 1045 页。

直接损失和间接损失。其中，直接损失是受托人违反信托而导致的信托财产本身的损失；间接损失包括受托人违反信托而获得的利益，以及如果受托人不违反信托，信托财产可得的利益。例如，美国《信托法重述》第205条规定："受托人违反信托时，应当就下列各项承担责任：（a）由于违反信托给信托财产造成的损失或者导致信托财产的贬值；或者（b）由于违反信托而取得的任何利益；或者（c）如无受托人违反信托的行为，信托财产将获得的利益。"英国信托法对此也有内容相同的规定。① 大陆法系国家和地区信托法均确认受托人应当赔偿因其违反信托给信托财产本身造成的损失即直接损失。对信托财产的间接损失，日本和韩国信托法均未规定由受托人予以赔偿，而中国台湾地区"信托法"仅规定受托人违反分别管理信托财产的义务和忠实于受益人的义务时，才将其因此而获得的利益作为赔偿金归入信托财产，即该法第24条第3款前段规定，受托人违反分别管理信托财产的义务获得利益者，"委托人或受益人得请求将其利益归于信托财产"；第35条第3款规定，受托人违反不得将信托财产转为自有财产或于信托财产上设定或取得权利的义务，使用或处分信托财产，委托人、受益人除可以请求受托人"以金钱赔偿信托财产所受损害或回复原状"外，还可以"请求将其所得之利益归于信托财产，于受托人有恶意者，应附加利息一并归入"。

中国《信托法》对受托人违反信托的赔偿范围的规定与日本和韩国《信托法》的规定相同，确认受托人应赔偿因其违反信托给信托财产造成的损失，而未就受托人赔偿信托财产的间接损失作出明确规定。

笔者认为，既然在侵权行为法中财产损害赔偿的范围包括财产的直接损失和间接损失②，而受托人违反信托事实上又会给信托财产造成直接损失和间接损失，那么，因受托人违反信托造成的信托财产的间接损失，理应由其予以赔偿。因此，日本和韩国《信托法》对赔

---

① 参见［英］D.J.海顿《信托法》，周翼、王昊译，法律出版社2004年版，第145页。
② 张新宝：《中国侵权行为法》（第2版），中国社会科学出版社1998年版，第97页。

偿信托财产的间接损失的态度不可取,而英美信托法和中国台湾地区"信托法"对信托财产的间接损失赔偿所持的态度具有合理性。不过,由于英美信托法关于信托财产间接损失赔偿的规定比中国台湾地区"信托法"对此的规定显得更为全面彻底,因而其具有更高的合理性。鉴于此,建议中国《信托法》将英美信托法中对受托人违反信托应当赔偿信托财产的间接损失的规定植入其中,以使该法对受托人违反信托的赔偿范围的规定更为完善和合理。

五 受托人违反信托的民事赔偿责任的免责事由

由于两大法系国家和地区信托法均将过错责任原则确立为受托人违反信托的民事赔偿责任的归责原则,因此,如果受托人违反管理或处分信托财产的有关义务时无过错,则其不应当承担民事赔偿责任。基于此点,受托人违反信托时无过错便成为两大法系国家和地区信托法共同确认的受托人违反信托的民事赔偿责任的免责事由。然而,英美信托法除确认受托人违反信托时无过错这一免责事由外,对受托人违反信托的民事赔偿责任还确立了以下几种免责事由:第一,受益人于受托人从事违反信托的行为之前或当时表示同意;第二,受益人于受托人从事违反信托的行为之后予以追认;第三,受益人放弃了其追究受托人责任的权利;第四,信托文件中存在免除受托人责任的条款;第五,受托人虽然违反信托但其行为属于诚实的或合理的行为,法院判决免除其责任。[①]

中国《信托法》对受托人违反信托的民事赔偿责任的免责事由未加以明确规定。但既然该法对受托人违反信托的民事赔偿责任确立了过错责任的归责原则,受托人在违反信托时无过错理应成为这种民事赔偿责任的免责事由。

笔者认为,由于受益人是受托人违反信托导致信托财产遭受损失的受害者,若其对受托人违反信托的行为事前表示同意或事后予以追认,或者放弃追究受托人责任的权利,这种意愿应当得到法律的允

---

① 参见美国《信托法重述》(第2次)第216—222条。

许，而信托文件是由委托人单方制定或委托人与受托人共同制定的，若其中存在对受托人的免责条款，为尊重当事人的意思，受托人理应可以因此而免责。基于此，英美信托法将上述第一项至第四项事由确定为受托人违反信托的民事赔偿责任的免责事由显然具有合理性。为此，建议中国《信托法》增补"受益人对受托人违反信托的行为事先表示同意或事后予以追认，或者受益人放弃其追究受托人的赔偿责任的权利"以及"信托文件中存在免除受托人赔偿责任的条款"作为受托人违反信托的民事赔偿责任的免责事由。

第五章　慈善信托受益人的保护制度

第一节　慈善信托监察人制度

近年来,地震、泥石流、甲流等各种自然灾害在中国频繁发生。社会各界在广泛捐赠的同时,对公益信托的地位和作用日益重视。一些信托公司陆续推出了公益信托计划,如中信信托的"中信开行爱心信托计划"等。但由于中国2001年颁布的《信托法》对公益信托制度尤其是公益信托监察人制度的规定不完善,公益信托呈现出"叫好不叫座"的状态,付诸实施的公益信托计划并不多见。2016年中国颁布的《慈善法》虽然设专章规定了慈善信托,并对慈善信托监察人制度加以明确规定,但仍存在一些不足之处,有待进一步完善。鉴于此,本节将从中国慈善信托设立信托监察人的实证分析入手,对慈善信托监察人制度的法理基础、慈善信托监察人的任免、慈善信托监察人的权利与义务等进行研究,以期对完善中国的慈善信托立法和促进慈善信托的发展有所裨益。

一　中国慈善信托设立信托监察人的实证分析

(一) 中国慈善信托设立信托监察人的现状

中国2001年颁布的《信托法》中对公益信托设立信托监察人作了强制性规定[①],但对于信托监察人的任职资格没有进行明确规定。

---

① 参见中国《信托法》第64条。

从该法颁布至 2016 年中国《慈善法》实施之前，付诸实施的公益信托并不多见。下表将对这一期间中国公益信托设立信托监察人的情况进行整理。

表 5-1　2002—2009 年中国公益信托设立信托监察人的情况

年份	信托公司	信托计划	信托监察人
2002	平安信托公司	"新疆助学公益信托"，委托人为深圳市人民政府财政，初始信托资金为 1 亿元，以信托收益捐赠给新疆教育厅资助当地贫困家庭	无
2004	云南国际信托投资公司	"爱心成就未来——稳健收益型"集合资金信托计划（一），该计划的委托人为 23 名投资者，初始资金为 536 万元。信托计划收益捐赠云南省青少年基金会用于修建信托希望小学及救助云南省内失学儿童	无
2005	百瑞信托公司	"商都建设项目贷款资金信托计划"，委托人数未披露，为集合信托，初始资金为 8000 万元，资金投向为商都遗址保护工程，为文物保护领域	无
2005	中融信托投资公司	"中华慈善公益信托"。信托财产运作的收益全部用于"残疾孤儿手术康复明天计划"。"残疾孤儿手术康复明天计划"为民政部在全国实施的一项慈善工程，主要为在社会福利机构中 18 岁以下具有手术适应症的残疾孤儿进行手术矫治和康复	无
2006	云南国际信托投资公司	"爱心成就未来——稳健收益型"集合资金信托计划（二），信托收益捐赠云南省青少年基金会用于修建信托希望小学及救助云南省内失学儿童	无
2007	重庆国际信托投资公司	"爱心满中华集合资金信托计划"，该信托计划为集合信托，初始资金为 10 亿元，也属于收益捐赠型，信托收益中超过预期收益率的部分用于捐赠中国残疾人福利基金会，为白内障患者实施复明手术	无

续表

年份	信托公司	信托计划	信托监察人
2008	北京信托公司	"同心慈善1号新股申购集合资金信托计划",委托人为招商银行理财产品客户,初始资金为4599万元,该信托计划为收益捐赠型,用于北京地区贫困民工子弟学校	无
2008	金港信托公司	"四川灾区赈灾公益信托计划",属于收益捐赠型,用于捐赠四川灾区	无
2008	衡平信托公司	"爱心系列"信托理财产品,每期信托募集资金的1%定向捐助灾区支持中小学校园重建	无
2008	中信信托公司	"中信开行爱心信托",委托人为招商银行理财客户,初始资金10亿元,其信托收益超过预期收益部分960万元全部捐赠给宋庆龄基金会用于四川灾区重建	无
2009	华润信托公司	"金管家——爱心传递集合资金信托计划",其信托收益超过预期收益率部分捐给"华润信托·爱心传递梦想中心"支持四川灾区重建	无

资料来源:作者自行整理。

　　自2016年9月中国《慈善法》实施以来,已有多家信托公司陆续设立了慈善信托计划。例如,国投泰康信托公司设立的"2016年国投慈善1号慈善信托""2016年真爱梦想1号教育慈善信托";中航信托股份有限公司设立的"爱飞客慈善集合信托计划";中国平安信托有限责任公司设立的"中国平安教育发展慈善信托计划";长安国际信托股份有限公司设立的"长安慈——山间书香儿童阅读慈善信托";中诚信托公司设立的"中诚信托2016年度博爱助学慈善信托";兴业信托公司推出的"兴业信托·幸福一期慈善信托计划";四川信托公司则推出了"四川信托公益慈善——定向捐赠信托计划"等。下表将对2016年中国慈善信托设立信托监察人的情况加以整理。

表 5-2　　　　2016 年中国慈善信托设立信托监察人情况

年份	信托公司	信托计划	信托监察人
2016	国投泰康信托公司	"国投泰康信托 2016 国投慈善 1 号慈善信托"。慈善信托规模 3000 万元人民币，信托期限五年，信托财产及收益将全部用于改善贫困地区群众生活及发展贫困地区教育事业。为更高效地使用慈善财产，实现慈善目的，国投泰康信托公司将根据委托人要求，与委托人认可的慈善组织合作选定慈善信托受益人。慈善信托的闲置资金可用于银行存款、政府债券、中央银行票据、金融债券和货币市场基金等低风险投资	上海市锦天城律师事务所
2016	国投泰康信托公司	"国投泰康信托 2016 年真爱梦想 1 号教育慈善信托"。信托规模 82 万元人民币，信托期限三年，信托目的是促进发展中小学校素养教育。上海真爱梦想公益基金会担任慈善信托的项目执行人。国投泰康信托公司通过上海真爱梦想公益基金会实施开展教育慈善项目，根据上海真爱梦想公益基金会推荐的教育慈善项目确定符合慈善信托目的受益人。该慈善信托均由上海市锦天城律师事务所担任监察人，渤海银行担任资金保管人，保证慈善信托合法合规，监督受托人按照委托人的意愿开展慈善活动	上海市锦天城律师事务所
2016	中航信托公司	"爱飞客慈善集合信托计划"在《慈善法》正式实施之日终于正式面世。中航通飞、中航资本和中航信托成为该慈善信托计划的首批委托人。该慈善信托设计为开放式，根据各个不同的慈善项目以及信托合同的约定，持续认购加入，最低认购资金起点为 1 元。广东省爱飞客公益基金会成为慈善信托计划的首家合作公益机构，北京六明律师事务所作为信托监察人，南昌市民政局作为该信托计划的行政管理机构	北京六明律师事务所
2016	平安信托有限责任公司	"中国平安教育发展慈善信托计划"。委托人：深圳市社会公益基金会、任汇川、盛瑞生、冷培栋、郑建家、谈清、王英、徐韶峰、康朝锋。受托人：平安信托有限责任公司。信托目的：用于教育发展等慈善事业。初始信托金额：226.6 万元	无

— 145 —

续表

年份	信托公司	信托计划	信托监察人
2016	长安信托公司	"长安慈——山间书香儿童阅读慈善信托",由陕西省慈善协会作为委托人,长安信托作为受托人,通过为偏远地区及落后地区的儿童捐建图书室、捐赠书籍及文体用品、与各地公益机构合作举办阅读活动等形式,改善阅读条件,为贫困儿童创造更好的学习成长环境,支持儿童教育事业发展	北京市康达(西安)律师事务所
2016	中诚信托公司	中诚信托2016年度博爱助学慈善信托。慈善信托财产的管理、监察及资金保管等均不收取任何费用。信托本金及收益全部用于捐赠,促进贫困地区教育事业发展	北京市中盛律师事务所
2016	兴业国际信托公司	"兴业信托·幸福一期慈善信托计划"不设存续期限,善款运用集中在养老、助学、扶贫领域。兴业银行为本信托计划的保管行。受托人不收取信托报酬,信托监察人不收取监察费,保管银行不收取保管费	立信会计师事务所
2016	四川信托公司	"锦绣未来慈善信托计划"由四川信托有限公司作为受托人,成都市慈善总会为首期委托人,该信托为开放式永续型慈善信托。受托人将委托人捐款按照相关法律法规及国家政策的规定进行投资管理,并与中华社会救助基金会(中国儿童电影公益基金)等慈善组织合作,将不低于上一年信托财产余额的8%投向关爱儿童的慈善项目。该信托设置有严格的内部管理机构,包括理事会、投资评审委员会和慈善项目评审委员会,以严格控制慈善信托风险、提升善款的使用效率	泰和泰律师事务所

资料来源:作者自行整理。

(二)中国慈善信托设立信托监察人的特征

1. 信托监察人为专业服务机构

从已设立信托监察人的慈善信托来看,信托监察人均为律师事务所或会计师事务所等专业服务机构。之所以选择这些机构担任信托监察人,其原因主要在于:保障慈善信托的合法、有效运作。慈善信托的目的在于救济贫困等，信托资金应当用于慈善目的。为了防止受托人滥用信托资金，妨碍慈善目的的实现，并有利于信托资金的保值增值，有必要选择律师事务所或会计师事务所等专业服务机构来行使监督职能。

2. 信托监察人的权利义务不明确

虽然中国《慈善法》规定了慈善信托监察人有监督受托人行为的权利，并可以向法院起诉，但对于慈善信托监察人如何监督受托人的行为，该法并没有进行具体规定。另外，中国《慈善法》关于慈善信托监察人仅规定了向委托人报告的义务。从慈善信托设立信托监察人的实践来看，信托监察人究竟享有哪些权利，承担何种义务尚不明确。

3. 非所有的慈善信托均设立信托监察人

尽管中国《信托法》第64条规定了公益信托应当设立信托监察人，但从中国信托监察人设立的实践来看，2016年《慈善法》实施之前公益信托中均无信托监察人的设置。中国《慈善法》第49条对慈善信托设立信托监察人作了任意性规定，可由委托人自主决定是否设立。由上述慈善信托的实践考察可知，2016年中国《慈善法》实施之后，大多数的慈善信托计划中都设立了信托监察人，仅有少数慈善信托计划中未设立信托监察人。

二 慈善信托监察人制度的法理基础

大陆法系国家和地区的信托法有信托监察人的规定，[①] 而英美信托法中没有建立慈善信托监察人制度。[②] 为了对慈善信托受托人的行为进行监督，英国法授权总检察长，美国法授权各州的检察长实施必要的行为，以保护受益人的利益。可以说，慈善信托监察人制度是大陆法系国家和地区的信托法特有的制度，但关于该制度存在的价值，法学界存有争议。第一种观点对慈善信托监察人制度持否定态度，其

[①] 日本、韩国的《信托法》称为"信托管理人"，中国台湾地区"信托法"称为"信托监察人"，中国《信托法》只规定公益信托设立信托监察人。信托管理人与信托监察人只是名称不同，法律地位和职责则相同。

[②] 何宝玉：《信托法原理研究》，中国政法大学出版社2005年版，第266页。

理由如下：从成本效益的角度而言，因慈善信托已由公益事业主管机关监督，没有必要再另外设立信托监察人①。公益信托监察人与英美检察长设计最大的不同点在于前者很可能不愿不收报酬而义务监督，然而公益信托倘本金原本不高，于支付受托人管理费用后尚须负担信托监察人报酬，这将使公益信托财产负担额外的开支。②为贯彻私法自治精神，应尽量给予当事人自主选择的权利。信托法本质上为私法，慈善信托行为本质上为私法行为。当事人设立慈善信托，通常采取信托合同的形式。为贯彻私法自治精神，法律并不必要对慈善信托设立信托监察人作出规定，应交由当事人自主决定。信托监察人实为借鉴社团法人治理结构而设，没有加以规定的必要。监察人实际上是大陆法系私法中社团法人的组织机构之一。在社团法人中，并非所有成员均参与法人治理。在此种情形下，为对社团法人的管理人员的行为进行监督和约束，实现权利的分立与制衡，才依据法律或章程在社团法人中设立了监察人。可见，即使在社团法人中，也不是均须设立监察人。将监察人引入慈善信托制度之中，设立信托监察人似无必要。慈善信托的受托人若为信托公司，则依信托公司相关立法，应设置公司内部监督机构。在这种情形下，无必要另外设立信托监察人。③第二种观点对慈善信托监察人制度持肯定态度。其理由包括：有利于协助公益事业主管机关加强对受托人的监督；弥补受益人行使权利的不足等。④

笔者认为，前一种观点否定慈善信托监察人制度存在价值的理由不妥当。因为若一项慈善信托涉及发展教育、改善医疗卫生条件、救济贫困等多重目的，将同时受多个政府主管机关的监督。而每个公益事业主管机关均有自身管理的范围。在这种情形下，设立慈善信托监察人制度，有利于弥补公益事业主管机关对慈善信托监督的不足，实现对慈善信托的有效监督。

---

① 王志诚：《信托之基本法理》，元照出版有限公司2005年版，第166页。
② 方嘉麟：《信托法之理论与实务》，中国政法大学出版社2004年版，第218页。
③ 谢杞森：《信托监察人与信托管理监督的探讨》，《真理财经法学》2008年第1期。
④ 赵磊：《公益信托法律制度研究》，法律出版社2008年版，第177—178页。

相较而言，上述后一种观点肯定慈善信托监察人存在的价值值得赞同。但对其所述理由，笔者补充以下几点。

其一，保全信托受益权。慈善信托以不特定的社会公众为受益人，委托人只能指定受益人的范围。公益信托生效后，受托人依据信托文件在这个范围内确定受益人。虽然受益人将来可以确定，但由于信托受益权本身是在公益信托生效时发生的，因此在信托受益权发生后、受益人确定前，将产生信托受益权无从归属的游离或浮动状态。在此信托受益权处于游离或浮动状态的阶段，为保护将来可以确定的受益人，实有必要设立信托监察人就已发生的信托受益权予以保全。

其二，强化对受托人的监督。作为慈善信托受益人的不特定社会公众，在实际享有信托受益权之前，都只是潜在的受益人，不能以受益人的身份对受托人的行为进行监督。即便受益人确定后，这些受益人也往往势单力薄，具有较强的分散性、流动性和不稳定性的特点，难以对受托人的行为实施有效的监督。同时，慈善信托的委托人可能由于死亡、数量众多等各种原因，也不能对受托人管理慈善信托财产的情况进行有效监督。因此，在慈善信托中，受益人、委托人均难以形成有效的监督受托人的力量。通过设立慈善信托监察人制度，由慈善信托监察人专门行使信托监督权，有利于强化对受托人的监督。

其三，维护社会公共利益。慈善信托事关社会公共利益，对受托人的行为监督不力，不仅会给受益人的权益造成损害，使委托人设立慈善信托的目的不能实现，同时也会损害社会公共利益，阻碍公益事业的健康发展。可见，设立慈善信托监察人制度，由慈善信托监察人对受托人的行为进行专门监督，有利于维护社会公共利益，促进公益事业的发展。

需要指出的是，依中国《信托法》第64条的规定，公益信托应当设置信托监察人。此法律规范属于强制性规范。但是，依中国《慈善法》第49条的规定，慈善信托可以确立信托监察人。该法律规范显然属于任意性规范。有学者认为，中国应将慈善信托区分为公募型慈善信托与私募型慈善信托，对前者采用强制性规范，对后者则采用任意性规范。① 可问题在于，慈善信托的受益人并不因为公募型或者私募型而有所不同，无论是公募型慈善信托还是私募型慈善信托，均存在对不特定的受益人的权利保护问题。从其他国家和地区的信托法来看，日本、韩国的信托法均没有强制公益信托设置信托监察人，由委托人自己决定是否设立信托监察人。而中国台湾地区的"信托法"则明确了公益信托必须设立信托监察人。据有的学者考察，日本学者的态度正在发生变化，日本信托协会提出的信托法修正草案已提出建议，强制要求成立公益信托必须设置信托监察人。②

鉴于此，笔者认为，中国慈善信托必须设立信托监察人。就此而言，中国《信托法》关于公益信托应当设立信托监察人的规定值得肯定，而中国《慈善法》有关慈善信托可以设立信托监察人的规定并不妥当。

三　慈善信托监察人的任免

（一）慈善信托监察人的选任

1. 慈善信托监察人的选任方式

从大陆法系信托法的规定看，公益信托监察人的选任方式有两种：其一，由委托人在信托文件中选任；其二，由法院选任。信托文件中未指定信托监察人或信托监察人选任方法的，法院可因利害关系人的申请或依职权，选任信托监察人。③ 在中国，《信托法》规定由公益事业管理机构指定，《慈善法》规定由委托人在设立慈善信托时确定，而其他国家和地区的《信托法》则规定由法院选任。

---

① 建议区分公募型的慈善信托和私募型的慈善信托，对公募型的慈善信托改回强制性的必设机构之设置，公募型的公益信托中委托人通常无力监督，所以规定为强制（应当）在信托文件中设信托监察人。而在私募型的公益信托中，委托人有更多的动因和能力对受托人的行为进行进监督，委托人可以选择是否设置信托监察人。这样，可以调和意思自由和强制保护的矛盾。参见赵廉慧《慈善信托能否公募》，2019年10月21日，http://www.usetrust.com。

② 何宝玉：《信托法原理研究》（第2版），中国法制出版社2015年版，第384页。

③ 参见日本《信托法》第123条、韩国《信托法》第18条、中国台湾地区"信托法"第52条。

笔者认为，由于在中国公益事业管理机构具有不确定性，民政、环保、卫生等政府部门均有管理公益事业的职能，若某一慈善信托的目的涉及多个公益领域而信托文件未指定慈善信托监察人或其选任方法时，将产生无法确定由哪一个机构指定的问题。而大陆法系信托法规定信托文件中未指定公益信托监察人或其选任方法的，由法院依利害关系人的申请或依职权选任，则避免了这种情形，值得中国借鉴。

2. 慈善信托监察人的任职资格

鉴于慈善信托监察人的地位和功能，大陆法系信托法对信托监察人的消极资格做了规定。例如，日本《信托法》第124条规定了未成年人、禁治产人不能担任信托监察人。中国台湾地区"信托法"第53条还规定破产人不得成为信托监察人。但对公益信托监察人的积极任职资格，这些国家和地区的信托法均未作规定。在中国，《信托法》《慈善法》对信托监察人的任职资格均没有作出任何规定。这样，不利于实现信托监察人制度设立的宗旨，宜借鉴这些国家和地区的立法例，对信托监察人的任职资格作出规定。

有学者认为，对破产人应做限缩性解释，认为其仅指受破产宣告尚未复权者，较为妥当。[①] 笔者认为，这种观点对承认自然人破产能力的国家或地区而言较为合理，但在中国，《企业破产法》未赋予自然人破产能力，宜参照《公司法》第146条所规定的不得担任公司监事的情形，即"个人所负数额较大的债务到期未清偿"等而对这些自然人担任公益信托监察人的资格进行限定。对"个人所负数额较大的债务到期未清偿"，可以参照最高人民法院2015年颁布的《关于修改〈最高人民法院关于限制被执行人高消费若干问题的规定〉的决定》的相关规定，将"失信被执行人"（俗称"老赖"）直接提取出来，不得担任信托监察人。

另外，有学者认为公益信托监察人应具备一定的学历和经验，具

[①] 赖源河、王志诚：《现代信托法论》（增订三版），中国政法大学出版社2002年版，第166页。

有一定的财会和法律知识，以便其履行监督职责①；也有学者主张信托监察人的资格要求也应区别单纯与复杂有不同的规定。② 笔者同意后一种观点，因为不同的慈善信托对受托人的权限范围要求有所不同，信托事务难易程度有所不同。如果受托人的行为涉及专业性、技术性事务，则需要信托监察人具有相关的专业知识背景。如果不涉及专业性、技术性事务，则信托监察人可由普通的人士担任即可。

（二）慈善信托监察人的辞任、解任

关于慈善信托监察人的辞任、解任，大陆法系的日本和中国台湾地区信托法作了较详细的规定。中国台湾地区"信托法"第57条、第58条、第59条规定，信托监察人可经有关人士或者法院的允许而辞职，利害关系人或检察官可以向法院申请解任信托监察人。日本《信托法》第128条的规定与此类似。而中国《信托法》《慈善法》对如何选任信托监察人进行了规定，未对其辞任和解任作出明确规定，实属不当。

笔者认为，未区分公益信托监察人的产生方法的差异而对其辞任作出不同的规定，在解释上恐生争议。例如，公益信托监察人依信托行为而产生，若具有正当事由而不欲继续担任，但原指定或选任者不同意或已无指定或选任者存在（如死亡或失踪），则可否经由法院的许可辞任，即有疑问。解释上虽可认为因上述条文仅规定"经指定或选任之人同意或法院之许可辞任"而未限定信托监察人辞任的对象，因此也可由法院许可辞任，但从立法技术而言，这种规定显得不甚严密。将来中国《信托法》《慈善法》修改时，可对慈善信托监察人的辞任作如下规定："慈善信托监察人无正当理由，不得辞任。其由法院选任或依信托文件产生而指定或选任之人不同意其辞任时，可经法院许可辞任。"

此外，慈善信托监察人依法保护受益人的权益，若其怠于执行职

---

① 薛智胜、王海涛：《论我国公益信托监察人法律制度的完善》，《天津大学学报》（社会科学版）2009年第3期。

② 潘秀菊：《高龄化社会信托商品之规划》，《月旦财经法杂志》2008年第1期。

务或有其他重大事由而影响受益人的权益时，自应设有解任的规定。中国《信托法》《慈善法》可借鉴上述国家和地区的立法条例，对慈善信托监察人的解任以及慈善信托监察人辞任、被解任后新的慈善信托监察人的产生方法加以规定。

四　慈善信托监察人的权限

对慈善信托监察人的权限，大陆法系信托法只作了概括性规定，并没有具体列举。在中国《信托法》第65条、《慈善法》第49条第2款也概括性地规定了信托监察人享有监督的权利，没有详细列举信托监察人享有哪些具体的权利。

有学者认为，对慈善信托监察人享有哪些权利，信托法这种概括性规定，足资适用，如果采列举规定，非但内容烦琐，且有列举不周之弊。[1] 笔者认为，这种观点值得商榷。信托监察人权限不仅关系到受益人权利的保护问题，而且关系到慈善事业的发展问题。若不加以详细规定，不利于信托监察人及时、有效地行使权利，发挥应有的职能。

由于慈善信托监察人的功能在于保护受益人的权利，因此，慈善信托监察人的权利原则上在受益人的权利范围之内。从大陆法系以及中国《信托法》的规定来看，受益人主要享有如下权利：（1）信托利益的享有权；（2）信托事务的监督权；（3）违反信托的救济权，包括对受托人处分行为的撤销权、信托财产的返还请求权、恢复原状请求权、损害赔偿请求权等。[2] 在这些权利中，第一种权利应由受益人享有，慈善信托监察人享有的权利应当是后两种权利。

问题在于，如慈善信托监察人行使受益人的权限后，将导致信托关系之基础性变更的，如变更信托财产管理方法的同意权、受托人辞任的同意权、终止信托权或其他专属于受益人的权限，因其行使的结

---

[1] 方国辉：《公益信托与现代福利社会之发展》，博士学位论文，中国台湾地区私立中国文化大学，1992年，第478—479页。
[2] 徐孟洲：《信托法》，法律出版社2006年版，第126—128页。

果将导致信托关系的重大变动或解除受托人的责任，对受益人的权益影响甚大。这些权利是否可由慈善信托监察人行使，诚有疑义。有学者主张受益人享有的信托事务监督权均可由信托监察人行使，这不会对受益人不利（如信托利益享有权，只能由受益人享有）。也有学者认为，有关限制及补充受托人管理权的权限、受托人辞任的同意权等，信托监察人不得行使。[1] 这种观点概括尚欠周延。笔者认为，因上述权利的行使，将导致信托关系的基础性变更，所以，慈善信托监察人应不得行使，除非信托文件有授权。

如慈善信托监察人有数人时，其权利应如何行使，值得注意。日本《信托法》第125条第2项规定："在有两人以上之信托管理人时，全体必须共同而为其权限项下之行为，但信托行为另有规定的，从其规定。"中国台湾地区"信托法"第55条则规定："信托监察人有数人时，其职务之执行除法院另有指定或信托行为另有订定外，以过半数决之。但就信托财产之保存行为得单独为之。"笔者认为，当两个以上慈善信托监察人行使职权时，宜采取多数决原理，以形成多数慈善信托监察人的集体意思，以免其职权的行使悬而未决，损及受益人的权益或信托运作的效率。当然，若信托文件另有规定的，基于私法自治的原则，应以信托文件的规定为准。

与此相关的一个问题是慈善信托监察人的报酬请求权，中国《信托法》未明确规定。未规定之理由，主要基于慈善信托的公共利益的属性。笔者认为，法律应该对报酬请求权加以相关规定，主要理由如下：其一，依据马克思的劳动价值论的观点，法律对其担任公益信托监察人科加一定的义务和责任（具体论述见后文），若此，赋予信托监察人的报酬请求权并无不当，反而在一定程度上更加有利于履行善良管理人的义务，从而更好地保护社会公共利益。其二，更好地贯彻私法自治原则，若法律一概不规定此种权利，当信托文件中对报酬请求权加以约定，如何协调创设的权利与无法定的权利之间的冲突问题

---

[1] ［日］四宫和夫：《信托法》，有斐阁1994年版，第340页。转引自王志诚《信托之基本法理》，元照出版有限公司2005年版，第168页。

便凸显出来，故规定此种权利（当然信托监察人行使与否，是其自身权利问题），将能够实现法律条文与私法实践的衔接，不会使得私法自治原则适用的阙如。其三，比较法的有益借鉴，如日本《信托法》第127条第3款规定："信托行为如有信托管理人可获得报酬的规定的，信托管理人可向受托人请求报酬。"后面第5款规定："报酬的金额，信托文件中如有关于报酬的金额或计算方法的规定的，从其规定，如无其规定的，以适当的金额。"第6款规定："法院可以选任信托管理人时规定信托管理人的报酬。"上述有关报酬请求权的规定，主要体现在报酬的获取方式、报酬金额与金额之来源。报酬的获取方式主要是依据信托监察人的请求（中国台湾地区规定）、由法院选任时的裁决（日本规定）；报酬的金额都是信托行为有规定时，依据其规定，无规定时，自由裁量以适当金额；金额之来源于信托财产（中国台湾地区规定）。笔者认为，在借鉴这些规定时，应该予以完善，如信托文件未规定报酬之时，鉴于慈善信托的属性，宜认为监察人不得请求报酬，例外情况下，可以取得报酬。诚如有学者所言："但在例外的情况下，亦应允许公益事业主管机关决定给予适当的报酬，信托监察人的报酬应当由信托财产承担。"[①]

五 慈善信托监察人的义务与责任

（一）慈善信托监察人的义务

大陆法系国家和地区的信托法要求信托监察人负有善良管理人的注意义务。例如，日本《信托法》第126条、中国台湾地区"信托法"第54条均有明确规定。而中国《信托法》没有对此作出规定，《慈善法》第49条第2款仅规定了慈善信托监察人的报告义务[②]，也没有对慈善信托监察人的其他义务加以规定，这不利于慈善信托目的的实现。

[①] 陈向聪：《信托法律制度研究》，中国检察出版社2007年版，第307页。
[②] 中国《慈善法》第49条第2款规定，慈善信托监察人发现受托人违反信托义务或者难以履行职责的，应当向委托人报告。

就日本和中国台湾地区"信托法"对公益信托监察人义务的规定来看，二者均要求公益信托监察人负有善良管理人的注意义务，但除此之外，日本《信托法》还规定了公益信托监察人的忠实义务和公平义务，而中国台湾地区"信托法"对此未作规定。相比较而言，笔者认为，日本《信托法》所规定的公益信托监察人的义务更具有合理性。

首先，慈善信托监察人基于委托人或有关国家机关的信赖保护受益人的权益，自须依信托文件所定意旨，积极实现公益目的，从而其注意义务不能以与处理自己事务同一注意为已足，应科以善良管理人的注意义务。而且，在信托制度的启蒙阶段，以法律明文规定慈善信托监察人应尽善良管理人的注意义务，有助于促进慈善信托监察人谨慎行使职权，以更好地监督受托人的行为和保护受益人的权益。

其次，既然慈善信托监察人是为保护受益人的权益而设置，那么其理应为受益人的最大利益而行使权利，不能为自己或他人谋取不当利益，因此，慈善信托监察人应负有忠实义务。若不明确慈善信托监察人的此项义务，将可能出现慈善信托监察人利用其监督受托人行为的"有利地位"影响信托财产正常交易，损害受益人权益的情形。例如，慈善信托监察人要求受托人将信托财产投资于与自己有利益关系的公司，甚至与受托人管理的信托财产进行不正当的交易等。另外，慈善信托监察人虽然不直接从事信托财产的管理事务，但其以自己名义行使权利过程中可能获得正常报酬以外的利益。如撤销受托人的处分行为而追回的财产、要求受托人赔偿信托财产的损失而取得的财产等。这些利益本应归属于受益人，若不明确慈善信托监察人的忠实义务，其便可能将这些利益据为己有，从而损害受益人的权益。

最后，公平义务是英美信托法中受托人的一项基本义务，指受益人为两人以上时，受托人负有公平对待不同受益人的义务，既应保障受益人的利益分配公平，又应平等地向各受益人报告信托事务和对待各受益人对信托事务的查询。[①] 日本《信托法》于2006年修订时引

---

① 周小明：《信托制度比较法研究》，法律出版社1996年版，第159页。

入了受托人的公平义务,并规定信托监察人也负有此项义务。① 由于同一慈善信托中存在多数受益人,慈善信托监察人作为受益权的保全者,能够利用自己方便的地位,为特定的受益人谋取利益而对其他受益人不公平。例如,慈善信托具有本金受益人与收入受益人的,受托人管理信托财产特别是进行投资的过程中,若将投资目标定位于信托财产本身的增值,显然对本金受益人有利;相反,若将投资目标定位于获得较高的当期收益,则对收入受益人有利。在这种情形下,慈善信托监察人可能为了本金受益人的利益或收入受益人的利益而不对受托人行使监督权。这样,势必导致在不同受益人之间产生利益不公平的现象。因此,为了促进慈善信托多数受益人之间的利益平衡,有必要明确规定慈善信托监察人负有公平义务。

(二) 慈善信托监察人的责任

有义务就应当有相应的责任。慈善信托监察人违反义务应承担何种法律责任,中国《信托法》《慈善法》均未作出规定。大陆法系的日本、中国台湾地区的信托法仅规定了信托监察人怠于执行职务或有其他重大事由时将被指定或选任之人解任。② 有学者认为,尽管这些信托法没有明确规定公益信托监察人违反义务将会被解任,但完全可将公益信托监察人违反义务解释为"怠于执行职务或有其他重大事由"[3]。即便如此,这些立法对公益信托监察人责任的规定仍存在着重大缺陷。其一,它们没有明确公益信托监察人违反义务时,是否应承担诸如赔偿损失之类的财产性责任。与非财产性责任相比,财产性责任能给公益信托监察人真正的"压力",使其基于自身经济利益的考虑而谨慎履行应尽的义务,这对受益人权益的保护无疑会起到积极的作用。而且,在公益信托监察人违反义务造成受益人损失的情况下,只有要求其承担财产性责任,才能弥补受益人的损失。其实,中国台湾地区"信托法"禁止破产人担任公益信托监察人,已隐含着

---

① 李智仁:《日本信托法之修法重点》,《月旦财经法杂志》2008年第3期。
② 参见日本《信托法》第128条第2项、中国台湾地区"信托法"第58条。
③ 徐卫:《信托监察人的法律设置及完善》,《天津市政法管理干部学院学报》2003年第3期。

公益信托监察人财产性责任的存在。因为它规定破产人不得担任公益信托监察人，应是出于公益信托监察人将来履行职责造成损失时无法承担赔偿责任的考虑。既然信托法在公益信托监察人的任职资格上已考虑及其将来的损失赔偿责任，那么为何不在法律责任中明确其财产性责任呢？这在逻辑上难谓畅通。其二，它们没有对多数公益信托监察人之间的责任承担作出规定。这些立法虽然考虑到了公益信托中存在多数信托监察人的情形，并规定了他们履行职责时的议事规则，但没有确定多数公益信托监察人之间应如何承担责任。这样，一旦产生需由公益信托监察人承担责任的情形，将难免会出现纷争。

笔者认为，为促使慈善信托监察人善尽义务，更好地保护受益人的权益，可对慈善信托监察人的赔偿责任作如下规定：慈善信托监察人违反义务给受益人的权益造成损害的，应当承担恢复原状、赔偿损失的责任。如果损害是由多数慈善信托监察人造成的，慈善信托监察人之间应当承担连带赔偿责任。此外，为保证受益人的权益能够得到及时、有效的救济，使慈善信托监察人的赔偿责任能够得到真正落实，可要求慈善信托监察人从其报酬中提取一定比例购买责任保险。

第二节　慈善信托委托人会议制度

一　建立慈善信托委托人会议制度的必要性

为实现慈善信托的目的，保护受益人的权益，中国《慈善法》和《慈善信托管理办法》赋予委托人诸多权利，包括选择和变更受托人的权利、要求受托人调整财产管理方法的权利等。例如，中国《慈善法》第47条规定："慈善信托的受托人违反信托义务或者难以履行职责的，委托人可以变更受托人。变更后的受托人应当自变更之日起七日内，将变更情况报原备案的民政部门重新备案。"

若委托人为单一的民事主体，由其行使上述权利并无不妥。例如，2020年设立的金谷信托2020信达大爱1号（扶贫及教育）慈善信托中，受托人为中国金谷国际信托有限责任公司，委托人为中国信达资产管理股份有限公司。然而，若委托人为多个民事主体，且不同委托人之间意见不一致时，将会产生上述权利无法行使的问题。况且在实践中，慈善信托的委托人为多个民事主体的情形较为普遍。例如，2016年设立的中国平安教育发展慈善信托计划中，委托人为深圳市社会公益基金会以及8位自然人。2017年设立的天信世嘉·信德黑大同窗互助慈善信托中，委托人为12位自然人。2018年设立的杭工信·之江1号生态保护慈善信托中，委托人为中建投信托股份有限公司、万向信托股份有限公司、杭州工商信托股份有限公司。2020年设立的国通信托·中国信托业抗击新型肺炎慈善信托中，委托人为61家中国信托业协会会员单位中的信托公司，包括中航、国通、五矿、华宝、英大、厦门、紫金、万向、上国投、西部、中诚、新华、中融、山东、大业、光大、华能贵诚、重庆、粤财、平安、建信、西藏、浙商金汇、中海、中粮、中泰、华信、交银、华润、新时代、长安、民生、中建投、爱建、湖南、杭工商、华融、国元、百瑞、东莞、中原、北京、四川、国民、外贸、苏州、华宸、北方、中信、中铁、国联、华澳、天津、华鑫、长城新盛、江苏、陕国投、安信、国投泰康、兴业、吉林信托等。[①] 鉴于此，笔者认为有必要在慈善信托中设置委托人会议制度，由其作为多数委托人行使权利的机构，以便委托人形成集体的意思，更好地保护受益人的权益。

二 慈善信托委托人会议制度的构建

（一）慈善信托委托人会议的职权

慈善信托委托人会议是由全体委托人组成的议事机构。其职权可由信托文件规定，但下列重要事项应由委托人会议审议：其一，变更慈善信托受托人；其二，提前终止或延长慈善信托的期限；其三，变更慈善信托财产的管理方法；其四，提高慈善信托受托人的报酬；其五，其他应由委托人会议审议的重要事项。

---

① 这些信息来源于民政部全国慈善信息公开平台，2020年6月8日，http://cishan.chinanpo.gov.cn/biz/ma/csmh/e/csmheindex.html。

（二）慈善信托委托人会议的决议

慈善信托委托人会议对审议的事项应采取表决权多数决的方式作出决议。委托人的表决权数可按照其提供的信托财产价值占初始信托财产总价值的比例来确定。在通常情形下，委托人会议由出席会议的委托人所持表决权超过三分之二通过即可作出决议。但对于更换受托人、提前终止或延长慈善信托的期间、变更慈善信托财产的管理方法等重要事项，则需要经过出席会议的委托人一致同意方可作出决议。慈善信托委托人会议作出的决议，对全体委托人均具有效力。

第六章 慈善信托的变更与终止制度

第一节 慈善信托的变更

慈善信托变更的原因是多方面的。例如，增加新的委托人；增加信托财产；变更信托受益人范围及选定的程序和方法；等等。若慈善信托的受托人违反义务或无法履行义务，应允许对其进行变更。对此，中国《慈善法》第47条规定："慈善信托的受托人违反信托义务或者难以履行职责的，委托人可以变更受托人。变更后的受托人应当自变更之日起七日内，将变更情况报原备案的民政部门重新备案。"《慈善信托管理办法》第37条也规定："慈善信托的受托人违反信托文件义务或者出现依法解散、法定资格丧失、被依法撤销、被宣告破产或者其他难以履行职责的情形时，委托人可以变更受托人。"可见，现行立法将变更慈善信托受托人的权利赋予委托人。这一规定在实践中将产生如下问题：其一，若慈善信托的委托人数量众多且较为分散，可能导致变更受托人的权利无法行使。有的委托人将信托财产转移给受托人后，可能不愿积极主动地参与对受托人行为的监督，或者存在"搭便车"心理，等待其他委托人行使变更受托人的权利，甚至可能出现不同委托人之间对是否变更受托人存在不同的意见。这样，就会致使委托人无法行使变更受托人的权利。其二，若慈善信托设立后委托人的民事主体资格消灭，其将不可能行使变更受托人的权利。在作为慈善信托委托人的自然人死亡、法人或其他组织解散、被撤销等情形下，即使受托人违反义务或无法履行义务，也无法由委托人行使变更受托人的权利。

在其他国家和地区，享有慈善信托受托人变更权的主体有所不同。在英国，根据 2011 年《慈善法》第 69 条第 1 款的规定，慈善委员会享有撤销或变更慈善信托受托人的权利。在日本，根据 2006 年《关于公益信托的法律》第 6 条、第 8 条以及《信托法》第 58 条规定，慈善信托受托人违反义务或有其他重要事由时，法院依委托人或受益人的申请解任受托人，而新的受托人应获得主管机关批准。依中国台湾地区"信托法"第 76 条的规定，慈善信托受托人违背其义务或有其他重大事由时，目的事业主管机关依委托人或受益人的申请将其解任。除信托行为另有规定外，新的受托人由委托人指定；若委托人不能指定或不指定的，则由目的事业主管机关依利害关系人或检察官的申请选任。

笔者认为，借鉴上述国家和地区的规定，中国慈善信托受托人的变更可按以下方式处理：(1) 信托文件有约定的，按照信托文件的约定变更受托人。(2) 若信托文件未约定的，或信托文件虽然有约定，但无法按照约定变更受托人的（例如，若信托文件约定由某个委托人代表全体委托人行使变更受托人的权利，但该委托人在慈善信托存续期间发生死亡或解散等情形），则应由备案的民政部门行使变更权。

第二节 慈善信托的终止

一 慈善信托的终止事由

中国《信托法》第 53 条规定了信托终止的事由。这些事由包括：信托文件规定的终止事由发生；信托的存续违反信托目的；信托目的已经实现或者不能实现；信托当事人协商同意；信托被撤销；信托被解除。关于慈善信托的终止事由，中国《慈善法》未作出明确规定。依《慈善信托管理办法》第 40 条的规定，有下列情形之一的，慈善信托终止：信托文件规定的终止事由出现；信托的存续违反信托目的；信托目的已经实现或者不能实现；信托当事人协商同意；信托被撤销；信托被解除。可见，《慈善信托管理办法》关于慈善信托终止事由的规定与《信托法》的上述规定是一致的。但对于上述事由是否可以作为慈善信托终止的事由，值得分析。

（一）信托文件规定的终止事由出现

如果信托文件中规定了慈善信托终止的事由，则一旦终止事由出现，慈善信托即终止。这些终止事由可以是信托的存续期限届满，也可以是其他事由。例如，国投泰康信托2016年真爱梦想1号教育慈善信托于2016年9月1日设立，信托目的是促进发展中小学校素质教育，受益人范围为全国中小学校及受助学校师生，信托期限为三年。2019年8月31日，该项信托的期限届满，慈善信托终止。

（二）信托的存续违反信托目的

信托目的是委托人设立信托所欲实现的意愿。信托目的是信托成立和存续的必备要件。例如，北京国际信托有限公司受托管理的"北京信托2017大病关爱慈善信托"以扶贫济困、医疗救助为目的，将信托财产用于贫困、残疾、病患等困难群体。在慈善信托存续期间，可能会产生一些情形，使得信托的存续有违信托目的，此时，慈善信托应当终止。

（三）信托目的已经实现或者不能实现

如果信托文件规定的信托目的已经实现，慈善信托当然终止。例如，中国金谷国际信托有限责任公司受托管理的"金谷信托2017信达大爱2号（扶贫及教育）慈善信托"成立于2017年9月21日，信托财产规模为90万元，信托期限为五年，信托资金用于改善贫困地区群众生活、支持教育，受益人的范围为贫困地区生活困难的群众、贫困学生（优先选择青海省内偏远地区、贫困地区、国家级重点贫困县的困难群众、贫困学生作为受益对象）。截至2018年12月13日，该信托项下的财产已全部使用完毕，信托目的已经实现，因此，该信托终止。若信托文件规定的信托目的不能实现，则慈善信托的存续便失去了意义，信托应当终止。

（四）信托当事人协商同意

在私益信托中，如果信托当事人协商一致，同意终止信托的，信托即告终止。然而，在慈善信托中，信托当事人协商同意而终止信托变得不具有可行性。信托当事人，是指委托人、受托人、受益人。在慈善信托中，有的委托人可能采取信托遗嘱的设立方式，而在信托设立后，委托人已经死亡，根本无法与受托人等当事人之间进行协商。另外，慈善信托的委托人、受益人的人数众多，特别是受益人是不特定的社会公众，难以或不能实现当事人之间的协商一致。慈善信托监察人的职能在于监督受托人的行为，维护委托人和受益人的权益。而与受托人进行协商终止信托，并不属于慈善信托监察人的职能。因此，在慈善信托中，不应将"信托当事人协商同意"列为信托的终止事由。

（五）信托被撤销

我国《信托法》第12条第1款的规定，委托人设立信托损害其债权人利益的，债权人有权申请人民法院撤销该信托。据此，若慈善信托的委托人设立慈善信托损害其债权人利益的，该信托便可由债权人向法院申请予以撤销。有学者指出，根据中国《信托法》第12条的精神，信托被撤销产生信托无效的法律后果，而《信托法》第53条规定，信托被撤销又属于信托终止的事由之一，两者是相互矛盾的。[①] 诚然，信托无效意味着信托自始无效、当然无效，而信托终止意味着已设立的信托关系归于消灭，信托财产将归属于信托文件规定的人或受益人，二者之间具有本质的区别。信托被撤销旨在保护委托人的债权人的利益，若产生信托终止的法律后果，将使得信托财产归属于信托文件规定的人或受益人，这并不利于委托人的债权人利益的保护。因此，将信托被撤销列为慈善信托的终止事由不合理。

（六）信托被解除

信托被解除是指在信托存续期间，委托人依据法律或信托文件的规定行使解除权，使信托关系归于消灭的行为。信托一旦被解除，信托随之终止。依中国《信托法》第51条第2款的规定，慈善信托被解除的情形，应包括以下几种：（1）受益人对委托人有重大侵权行

---

① 周小明：《信托制度：法理与实务》，中国法制出版社2012年版，第333页。

为。若受益人对委托人存在重大侵权行为而仍可以享有信托利益,既不符合委托人的意愿,也有悖于社会公德。在此情形下,委托人可以解除慈善信托,使慈善信托终止。(2)信托文件规定的其他情形。如果信托文件中规定了委托人解除慈善信托的其他情形,则应尊重委托人的意愿。当信托文件规定的其他情形出现时,慈善信托终止。此外,在私益信托中,经受益人同意,委托人也有权解除信托,使信托终止。然而,在慈善信托期间,受益人为不特定的社会公众,委托人无法征得受益人的同意而终止信托。因此,在慈善信托中,不存在经受益人同意而终止信托的情形。

由上述可见,由于慈善信托与私益信托存在着区别,私益信托的终止事由不能完全适用于慈善信托。具体而言:其一,中国《信托法》第53条规定的前三项事由(信托文件规定的终止事由发生、信托的存续违反信托目的、信托目的已经实现或者不能实现)对于慈善信托的终止仍可适用。这主要是基于私法自治的精神和公共利益的保护。其二,中国《信托法》第53条规定的信托当事人协商同意、信托被撤销以及经受益人同意,信托被委托人解除等终止事由不适用于慈善信托。因此,对中国慈善信托终止的事由,立法应作出如下规定:(1)信托文件规定的终止事由发生;(2)信托的存续违反公益目的;(3)信托目的已经实现或者不能实现;(4)因受益人对委托人有重大侵权行为、信托文件规定的其他情形而致使信托被委托人解除。

二 慈善信托的终止程序

(一)慈善信托终止的报告

中国《信托法》第70条规定:"公益信托终止的,受托人应当于终止事由发生之日起十五日内,将终止事由和终止日期报告公益事业管理机构。"中国《慈善法》对慈善信托的终止未作具体规定。依该法第50条的规定,慈善信托的终止和清算等事项,该法未规定的,适用《信托法》的有关规定。可见,慈善信托终止的,受托人应在终止事由发生之日起十五日内报告。

然而,《信托法》并未对"公益事业管理机构"究竟是指何种机构加以明确规定。民政部门、教育部门、环境保护部门等,均承担着公益事业管理的职能。且有的慈善信托涉及多项慈善领域,例如,北京国际信托有限公司受托管理的"北京信托2017年大病关爱慈善信托"的信托目的在于扶贫济困、医疗救助。因此,确定慈善信托的管理机构十分重要。从中国《慈善法》第45条将民政部门确立为慈善信托的备案机关的规定来看,慈善终止时应由受托人在终止事由发生之日起十五日内向民政部门报告。这样,可以保持慈善信托设立的管理机构与慈善信托终止的管理机构相一致。

(二)慈善信托终止的清算

慈善信托终止的,应依法进行清算。中国《信托法》第71条规定:"公益信托终止的,受托人作出的处理信托事务的清算报告,应当经信托监察人认可后,报公益事业管理机构核准,并由受托人予以公告。"据此,公益信托终止的清算包括以下程序:一是受托人作出清算报告;二是信托监察人认可清算报告;三是公益事业管理机构核准清算报告;四是受托人公告清算报告。

而《慈善信托管理办法》第42条规定:"慈善信托终止的,受托人应当在30日内作出处理慈善信托事务的清算报告,向备案的民政部门报告后,由受托人予以公告。慈善信托若设置信托监察人,清算报告应事先经监察人认可。"与《信托法》第71条的规定相比较可见,关于慈善信托终止的清算,有以下特点:其一,受托人作出清算报告的时间为30日内。这30日的起算点应为慈善信托的终止事由出现之日。其二,若没有设置慈善信托监察人的,受托人应将清算报告向民政部门报告。若设置了慈善信托监察人的,则受托人先将清算报告报经信托监察人认可,再向民政部门报告。由于中国《慈善法》将信托监察人的设置确立为任意性规范,改变了《信托法》强制设立公益信托监察人的态度,因此,《慈善信托管理办法》第42条的上述规定是妥当的。不过,无论是《慈善法》还是《慈善信托管理办法》,均未对慈善信托清算报告的内容进行具体规定。

从实践中看,慈善信托的清算报告主要包括以下内容。

第六章 慈善信托的变更与终止制度

首先，关于慈善信托的概况。包括慈善信托的成立日期、慈善信托的财产规模、慈善信托的当事人等事项。例如，国投泰康信托有限公司作出的国投泰康信托 2016 年真爱梦想 1 号教育慈善信托清算报告中，第一部分信托的概况如下：信托成立日为 2016 年 9 月 1 日；信托总规模为 820000.00 元人民币；信托期限为 3 年；信托财产专户开户人为国投泰康信托有限公司，开户行为渤海银行北京分行营业部。又如，华宸信托 2018 善爱助学慈善信托清算报告中，第一部分信托项目基本情况包括：慈善信托规模为人民币 10.61 万元；信托资金用途为乌兰察布市察右后旗白音察干镇第一小学购买电脑及其配套设备，支持察右后旗的教育发展；信托计划期限为 2018 年 10 月 31 日至 2019 年 10 月 31 日；受托人为华宸信托有限责任公司。

其次，关于慈善信托财产的管理、处分情况。这包括受托人应本着诚实、信用、谨慎、有效管理的原则，依据信托文件规定的范围和方式，对信托财产进行运用和管理。受托人为信托应建立单独的会计账户进行管理与核算，同时指定信托经理负责本信托的运作与管理。以国投泰康信托有限公司作出的国投泰康信托 2016 年真爱梦想 1 号教育慈善信托清算报告为例，2016 年、2017 年、2018 年、2019 年慈善支出数据如下：梦想中心项目（2016 年甘肃省白银市 6 间梦想教室），支出 450000.00 元；梦想中心项目（2017 年巴彦淖尔市 3 间梦想教室），支出 225000.00 元；梦想中心项目（2018 年临洮西街小学 1 间梦想教室），支出 150000.00 元；为梦想中心提供梦想课程配套图书，支出 7335.99 元。合计"梦想中心"项目及相关软硬件配套设施支出 832335.99 元。

又如，华宸信托 2018 善爱助学慈善信托清算报告中，慈善信托资金运用情况如下：按照《华宸信托 2018 善爱助学慈善信托合同》约定，受托人已将慈善信托资金全部一次性拨付至执行人指定账户，由执行人将捐赠资金为乌兰察布市察右后旗白音察干镇第一小学购买电脑及其配套设备。执行人已向受托人出具了"内蒙古自治区公益事业接受捐赠统一收据"。慈善信托利益分配情况为：执行人以自己的名义，为乌兰察布市察右后旗白音察干镇第一小学购买电脑及其配套设备，受托人取得加盖执行人公章的为受益人购买电脑及其配套设备的发票单据复印件，即视为受托人进行了信托利益分配。执行人察右后旗教育局已按照《慈善信托定向捐赠协议》的约定，为乌兰察布市察右后旗白音察干镇第一小学购买电脑及其配套设备，并向受托人出具了加盖察右后旗教育局公章的发票单据复印件。慈善信托的管理情况为：受托人根据《中华人民共和国慈善法》《中华人民共和国信托法》《信托公司管理办法》《慈善信托管理办法》及其他有关法律法规为本慈善信托开立了专门的信托财产保管账户，建立了单独的会计账户进行管理和核算。受托人以诚实、信用、谨慎、有效管理为原则对慈善信托进行管理，并根据信托合同的约定将信托财产全部用于慈善目的，未挪作他用。受托人与信托监察人签署了《华宸信托2018善爱助学慈善信托监察协议》，监察人内蒙古至信会计师事务所（普通合伙）有权对受托人的行为进行监督，依法维护委托人和受益人的权益。

最后，关于慈善信托监察人的意见。如果慈善信托设置了信托监察人，则应当包括信托监察人的意见。例如，在国投泰康信托有限公司作出的国投泰康信托2016年真爱梦想1号教育慈善信托清算报告中，信托监察人上海市锦天城律师事务所的意见如下：监察人要求本信托受托人国投泰康信托有限公司（以下简称受托人）提供了监察人履行职责所必需的相关文件、划付凭证等资料，并对信托事务处理情况进行说明。受托人承诺所提供的相关文件、划付凭证等书面材料、副本材料或口头说明都是真实、准确、完整的；文件上的签名、印章真实并由有权签署的人所为，所有副本材料和复印件与原件一致；资料信息提供之日至本意见出具之日未发生任何事件、变化或情势导致监察人无法信赖该资料、信息。为出具本意见，监察人本着勤勉尽责的原则，对受托人提供的书面材料、副本材料或口头说明等进行了必要的审阅、核实。本意见系依据出具日以前已经发生或存在的事实，并基于对事实的了解和对可适用的法律法规的理解而出具，仅供受托人就本信托向备案部门进行报备使用，不用于其他任何目的。监察人对本报告内容予以认可。

三 慈善信托的近似原则

（一）中国关于慈善信托近似原则的立法现状

中国《信托法》第 72 条规定了公益信托近似原则的适用。依该条的规定，公益信托终止，没有信托财产权利归属人或者信托财产权利归属人是不特定的社会公众的，经公益事业管理机构批准，受托人应当将信托财产用于与原公益目的相近似的目的，或者将信托财产转移给具有近似目的的公益组织或者其他公益信托。中国《慈善法》没有对慈善信托近似原则进行明确规定，但根据该法第 50 条的规定，《信托法》有关公益信托近似原则的规定也应适用于慈善信托。《慈善信托管理办法》第 43 条重申了慈善信托近似原则，该条规定："慈善信托终止，没有信托财产权利归属人或者信托财产权利归属人是不特定的社会公众，经备案的民政部门批准，受托人应当将信托财产用于与原慈善目的相近似的目的，或者将信托财产转移给具有近似目的的其他慈善信托或者慈善组织。"

由上述规定可见，慈善信托近似原则适用于以下两种情形。

其一，慈善信托终止后，没有信托财产权利归属人。委托人将财产用于慈善事业，往往并未指定信托终止后剩余信托财产的权利归属人。在此情形下，将剩余信托财产用于类似的慈善目的，或将剩余信托财产转移给具有近似目的的其他慈善信托或慈善组织，既符合委托人的意愿，也有利于慈善事业的发展。例如，"华宸信托 2018 善爱助学慈善信托"于 2019 年 10 月 31 日到期。作为信托受托人，华宸信托有限责任公司依《信托法》《信托公司管理办法》《慈善法》《慈善信托管管理办法》《信托业务会计核算办法》等有关法规及该《信托合同》的规定，就本信托项目清算。2019 年 11 月 27 日，公司注销信托专户。按照《华宸信托 2018 善爱助学慈善信托合同》约定："信托因任何原因终止，且信托项下的信托财产仍有剩余且无法确定信托财产权利归属人的，受托人应当按照相关法律法规的规定将剩余信托财产用于与原慈善目的相近似的目的，或者将信托财产转移给具有近似目的的慈善组织或者其他慈善信托。"根据《慈善信托管理办法》第 5

章第 38 条规定:"根据信托文件约定或者经原委托人同意,可以变更信托受益人范围及选定的程序和方法。"经全体委托人同意,将剩余信托财产(账户尾息)27.13 元用于向内蒙古社会扶贫基金会捐款。又如,小学生甲不幸身患白血病。甲所在学校以该校少先队的名义向社会发出献爱心的倡议,募得社会捐款共计 24 万余元,全部暂存于学校的银行账户,甲平日所需治疗费用皆由学校从中拨付。然而甲终因医治无效不幸死亡,共用去捐款 15 万余元。就剩余 8 万元捐款所有权归属,甲的父母与学校发生争执而诉至法院。甲的父母认为此款应属甲所有,其作为甲的法定继承人有权继承此款,学校占有系不当得利。而学校认为该笔资金系社会为甲治疗白血病而捐,现甲已死亡,捐款的使用目的已不复存在,不同意继续拨付剩余捐款,且该款以学校少先队的名义募集而得,应属学校合法所有。[1] 笔者认为,本案的捐款行为具有慈善性质,剩余的 8 万元捐款可以认定为没有财产归属人的信托财产,该款项应由学校用于救济患病、贫困学生等近似目的。

其二,慈善信托终止后,信托财产权利归属人是不特定的社会公众。如果慈善信托文件未指定剩余信托财产的权利归属人,从理论上而言,该剩余的信托财产应当返还给委托人。但由于委托人是不特定的社会公众,在实践中往往无法操作。因此,在这种情形下剩余的慈善信托财产也应适用近似原则。[2]

(二) 近似原则的比较法考察

慈善信托终止后,信托财产有剩余的,受托人有义务将它转移给权利的归属人。慈善信托财产的归属人应依照信托文件的规定予以确定;当信托文件中没有规定或者信托财产权利归属人是不特定的社会公众,其他国家和地区的按照"近似原则"处理。[3]

1. 英美法系

在英国,1960 年《慈善法》实施之前,只有慈善信托目的变得

---

[1] 刘瑜、袁绍云:《八万元爱心捐款余额该归谁》,2020 年 6 月 10 日,https://www.chinacourt.org/article/detail/2003/01/id/32852.shtml。
[2] 何宝玉:《信托法原理研究》(第 2 版),中国法制出版社 2015 年版,第 507 页。
[3] 张军建:《信托法基础理论研究》,中国财政经济出版社 2009 年版,第 276 页。

不可能或行不通，法院才能适用近似原则。如果信托被认为不能有效地实现慈善目的，或者随着经济的变化，某种慈善目的被认为不能适应不断变化的社会需要，都不允许法院适用近似原则。① 在英国法院早期适用近似原则的一个著名案例"皇家检察总长诉艾恩莫格案"（A. G. v. Ironmonge）就是例子。该案的遗赠人在 1732 年设立了一个慈善信托，目的在于"赎救在土耳其和北非伊斯兰教地区的英国奴隶"。然而，到 1833 年，这样的奴隶已经不存在了。那些国家已经改变的环境使得这样的奴隶所剩无几或是对立遗嘱人的慷慨没有需求。在这种情况下，上议院的布鲁姆判决该案适用近似原则。②

1960 年英国《慈善法》第 13 条规定，只要满足以下五个条件，即构成最初的慈善目的不能实现：（1）慈善信托最初的目的已经变得不可能，这包括信托目的已经全部实现或部分实现、信托目的不可能实现或者依信托条款无法实现。（2）最初的信托目的部分实现后，信托财产还有剩余。（3）信托财产如果与其他可用于相似目的的财产合并运用更加有效，而且从信托目的出发，合并运用符合赠予精神。（4）最初目的是使一个地区受益，但由于某些原因，该地区后来不再作为一个行政或教区单位。（5）慈善信托最初的目的自确定以来，已经全部实现或部分以其他方式实现，或因对公众不利以及其他原因而不再具有慈善性，或者依据赠予物的实质和赠予的精神不能通过其他途径提供适当和有效的方法，来运用赠予的财产。由这些规定可见，1960 年英国《慈善法》已经拓展了近似原则的适用范围。③

---

① 何宝玉：《信托法原理与判例》，中国法制出版社 2013 年版，第 374 页。
② 解锟：《英国慈善信托制度研究》，法律出版社 2011 年版，第 88 页。
③ 例如，在 Re Lepton's Charity（1972）案中，立遗嘱人于 1716 年将一笔资金设立信托，从信托收入中拿出 3 英镑给牧师，其余收入赠给当地穷人和老年人。当年的信托年收入为 5 英镑，到 1967 年已增长到 791 英镑，但该牧师仍然只得到 3 英镑。受托人向法院提出申请，根据 1960 年英国《慈善法》第 13 条的规定，将支付给牧师的款项提高到每年 100 英镑。法院认为在条件发生变化时，信托的年收入已达到 791 英镑，仍然只给牧师 3 英镑，显然没有很好地实现立遗嘱人的意愿，因此，依据 1960 年《慈善法》，将赠给牧师的部分提高到受托人所要求的 100 英镑。参见何宝玉《信托法原理与判例》，中国法制出版社 2013 年版，第 375—376 页。

该条对近似原则的适用作出了详细的列举式规定，被原封不动地移入1993年的《慈善法》。①

2006年，英国国会通过新的《慈善法》，对近似原则有所改进。1993年《慈善法》规定的"赠予的精神"（the spirit of the gift）被"适当考虑"（the appropriate considerations）替代。"适当考虑"不仅包括了对赠予的精神的重视，而且包含对社会与经济环境的考虑。此外，该法还规定由法院或慈善委员会适用近似原则。②

在美国，2010年最新修订的《统一信托法典》第413条规定了近似原则。除非另有规定，特定的慈善目的变为不合法、不可行、不可能实现或造成浪费的：（1）信托整体或部分并不失效；（2）信托财产不归复于委托人或其权益继承人；（3）法院可以适用近似原则，指示依照与委托人的慈善目的一致的方式整体或部分运用或分配信托财产，以此变更或终止信托。如果慈善信托文件有将信托财产分配给非慈善受益人的规定，将排除法院适用近似原则变更或终止信托。这类条款应符合下列条件之一：（1）信托财产归复于委托人且委托人仍然在世；（2）自信托设立之日起未满21年。

2. 大陆法系

日本2006年修订的《关于公益信托的法律》第9条对近似原则作了规定，即"公益信托终止时，未指定权利归属人或权利归属人放弃其权利的，主管机关可以将该信托作为其类似目的继续"。韩国《信托法》第72条对近似原则作了如下规定："当公益信托终止而没有信托财产归属权利人时，主管官署可根据信托宗旨，为了类似的目的而使信托继续存在。"中国台湾地区"信托法"第79条也规定："公益信托关系消灭，而无信托行为所订信托财产归属权利人时，目的事业主管机关得为类似之目的，使信托关系存续，或使信托财产移转于有类似目的之公益法人或公益信托。"

相比较而言，两大法系近似原则的主要差异如下。

---

① 何宝玉：《英国信托原理与判例》，法律出版社2001年版，第362—363页。
② 赵磊：《公益信托法律制度研究》，法律出版社2008年版，第169页。

其一，近似原则适用的前提条件不同。在英国和美国，虽然关于近似原则适用的前提条件规定有所不同，但从总体上看，均在强调信托目的不能实现。而在大陆法系的日本、韩国和中国台湾地区，关于近似原则适用的前提条件则为信托关系终止而没有信托财产的权利归属人或无法确定具体的信托财产权利归属人。

其二，近似目的的确认方式不同。在英美法系国家，慈善信托的剩余财产通常由法官决定用于类似的慈善目的。近似原则的发展特点体现在捐赠人意愿和公共利益之间寻找平衡点。[①] 在大陆法系的日本、韩国以及中国台湾地区，主管机关可将剩余信托财产转移给其他公益信托或公益法人。

（三）中国慈善信托近似原则的立法完善

首先，明确使用近似原则的概念。从上述中国《信托法》《慈善信托管理办法》的规定可见，中国关于慈善信托近似原则的立法仅规定了近似原则的适用条件和方式，却不像英美法系那样直接明确规定"近似原则"这个法律术语。对此，有学者认为存在两种原因：一是立法者对国外的相关做法未曾考察，而是通过预测或者已经发现捐赠财产在特定情况下无法按照捐赠人意愿予以使用，因而作出了一定的规定；二是已经借鉴了美国等国家近似原则的内容，但未明确提出近似原则概念。[②] 笔者认为，不管原因为何，近似原则之术语概念，有明确规定的必要。其一，概念是法的要素之一，是认识法律的思维之网，能够合理通过认识的思维之网，将透过网状的要素进行筛选与定位，以便更好地适用法律条文。"立法者的任务是对类型加以描述。而在此抽象的概念对于法律的建立就非常重要。概念没有类型是空的，类型没有概念是盲目的。"[③] 其二，中国属于成文法法系，有必要在《信托法》《慈善法》等法律修改时，将近似原则予以明文规定，以显示其法律地位，在某种程度上也更能够体现慈善信托的公共

[①] 李喜燕：《慈善信托近似原则在美国立法中的发展及其启示》，《比较法研究》2016年第3期。

[②] 同上。

[③] [德]考夫曼：《法律哲学》，刘幸义等译，法律出版社2004年版，第192页。

利益性。

其次，健全近似原则适用的前提条件。从韩国和中国台湾地区的上述规定可知，慈善信托近似原则适用的前提条件过于单一，仅为没有信托财产归属权利人。日本法关于近似原则适用的前提条件，除了规定没有信托财产权利归属人这种情形之外，还规定了权利归属人放弃其权利的情形。中国《信托法》《慈善信托管理办法》将近似原则适用的前提条件确定为没有信托财产权利归属人或者信托财产权利归属人是不特定的社会公众，较韩国和中国台湾地区的上述规定显得更为全面，但仍有遗漏之处。日本法将"权利归属人放弃其权利"列为适用近似原则的前提条件之一，值得中国借鉴。未来在中国《信托法》《慈善信托管理办法》修改过程中，可以将慈善信托近似原则的适用前提条件作为增补，将"权利归属人放弃其权利"也作为近似原则的适用条件之一。

最后，确立慈善信托近似原则适用的程序。按照中国《信托法》《慈善信托管理办法》的规定，由受托人将慈善信托财产用于近似目的，或者转移给慈善组织。这种做法可能导致慈善信托财产并不能按照委托人的意愿实现目的，换言之，可能没有充分尊重委托人的意愿，从而使慈善信托的宗旨难以达到。鉴于此，笔者认为，可以考虑由民政部门在征求委托人意愿的基础上做出决定。这样，一方面尊重了委托人的意愿，另一方面又避免受托人擅自做出决定，难以实现慈善信托设立宗旨的情形发生。若委托人无法形成一致意见，可由民政部门决定将慈善信托财产用于近似目的，或者转移给慈善组织。

附　　录

慈善信托制度的具体应用：以环境保护与高等教育为例

一　环境信托：环境保护机制的创新

随着中国经济的快速发展，环境污染与破坏问题日益突出。在这种背景下，寻找先进的法律机制有效地保护环境、促进经济的可持续发展已成为社会各界的共识。信托作为一种财产管理方式，在环境保护方面具有独特的功能，并为世界上许多国家和地区所推崇。但在中国，环境信托尚未引起人们的重视，相关制度也未建立。鉴于此，笔者拟从环境信托的界定与性质出发，对环境信托制度的价值进行探讨，并对建立中国环境信托制度提出构想，以期对中国环境信托的发展和环境保护有所裨益。

（一）环境信托的界定与性质

1. 环境信托的界定

环境信托起源于英国。由于人类开发行为的不断扩张，使得不少重要的动物栖息地及历史古迹遭到破坏，因此，从19世纪中叶开始，在英国成立了许多民间组织，以对抗这些过度的开发行为。1895年英国的国民信托组织（the National Trust）成功地将王室6000英亩的森林争取为信托财产，被认为是环境信托的开端。[①] 目前，除英国之

[①] 李秋静：《保育与发展之均衡策略——英国国民环境信托简介》，《台湾经济研究月刊》1998年第5期。

外，美国、加拿大、日本、巴拿马等许多国家和地区均采取设立环境信托的方式，通过民间组织的力量来达到保护环境的目的。①

对于何谓环境信托，各国和地区的法律没有专门加以界定，而是适用信托法有关信托的一般规定。根据中国《信托法》第2条的规定，信托是指"委托人基于对受托人的信任，将其财产权委托给受托人，由受托人按委托人的意愿以自己的名义，为受益人的利益或者特定目的，进行管理或者处分的行为"。据此，可将环境信托界定为：委托人基于对受托人的信任，将其特定的土地等环境资源委托给具有环境生态保护能力的受托人，由受托人以自己的名义为保护该特定的土地等环境资源而进行经营管理，由此产生的利益归不特定的社会公众共同享有的行为。

需要指出的是，环境信托与环境公共信托是两个不同的概念。环境公共信托是美国密执安大学的萨克斯教授于1970年发表的论文《自然资源法中的公共信托理论：有效的司法干预》中首先提出的概念，它是指将环境资源作为信托财产、以全体美国人（包括当代人和后代人）为委托人和受益人、以美国政府为受托人、以环境资源的可持续利用为目的而设立的一种信托。② 可见，两者的区别主要在于：其一，环境公共信托的受托人为政府，而环境信托的受托人是具有环境生态保护能力的民间组织。其二，环境公共信托的委托人和受益人均为全体民众，而环境信托的委托人是特定的土地等环境资源的所有人，受益人则是不特定的社会公众。在中国，由于土地等环境资源属于国家或集体所有，因而，环境信托的委托人只能是国家或集体。

2. 环境信托的性质

信托依其目的是否具有公益性，可分为私益信托与公益信托。公益信托是指出于公益目的，为使社会公众或者一定范围内的社会公众

---

① 吴宜蓁、谢汉钦：《谈环境信托对环境与社会公共利益的保护》，《林业研究专讯》2011年第4期。

② 颜运秋：《公益诉讼理念研究》，中国检察出版社2002年版，第176页。

受益而设立的信托;私益信托则是指公益信托以外的其他信托。① 由于环境信托的目的在于保护生态环境,受益人为不特定的社会公众,因此,从性质上看,环境信托应属于一种公益信托或慈善信托。中国《慈善法》第3条即明确规定:"本法所称慈善活动,是指自然人、法人和其他组织以捐赠财产或者提供服务等方式,自愿开展的下列公益活动:(一)扶贫、济困;(二)扶老、救孤、恤病、助残、优抚;(三)救助自然灾害、事故灾难和公共卫生事件等突发事件造成的损害;(四)促进教育、科学、文化、卫生、体育等事业的发展;(五)防治污染和其他公害,保护和改善生态环境;(六)符合本法规定的其他公益活动。"

值得注意的是,环境信托的目的应当具有绝对的、排他的公益性,不得含有非公益的目的,或者以环境保护为主导。例如,2004年12月13日,成都衡平信托公司采用集合资金信托计划的方式公开向社会募集4500万元资金,专项用于都江堰市城区污水管道建设。这是衡平信托公司首次贷款参与环保项目,也是四川省首次采取信托方式参与环保事业。通过此方式,投资者预计年收益率为5%。为保障投资者的资金安全,衡平信托公司还为该计划设置了土地抵押、污水厂设备抵押、都江堰市污水处理费收费权抵押等风险防范措施。② 这一信托虽然具有保护环境的目的,但并非实质意义上的环境信托,它其实是将环境保护事业与集合资金信托计划的投资理财功能相结合的一种信托。在该信托中,委托人的目的首先在于投资和营利,只是附带起到了保护环境的作用,因此,将其定性为私益信托更为适宜。

(二)环境信托制度的价值

信托制度是一种为他人利益管理财产的制度,在英美法系国家和部分大陆法系国家、地区得到了普遍运用与发展,中国也于2001年颁布《信托法》,引进了信托制度。尽管不同国家和地区的信托制度存在

---

① 全国人大《信托法》起草工作组:《〈中华人民共和国信托法〉释义》,中国金融出版社2001年版,第144页。

② 李茜:《信托助推环保资本市场》,《金融时报》2009年9月22日第5版。

着差异，但信托的基本理念在各国和地区都是相同的，即信托财产的权利主体与利益主体相分离、信托财产的独立性、有限责任和信托管理的连续性。① 正是信托具有的这些基本理念，使得环境信托制度在中国的环境保护中发挥着独特的价值。具体而言有如下几方面价值。

1. 有利于弥补政府管理环境的不足

目前，中国政府管理环境主要依靠以发放污染排放许可证为中心的行政管制和按照污染排放量征收排污费的经济手段。尽管这些环境管理方式对保护环境起到了重要作用，但由于政府管理部门人力、物力与资金等方面的不足以及有的地方为追求经济发展而不惜牺牲环境，使得环境保护的效果不甚理想，环境污染与破坏问题已成为制约国家经济和社会发展的重要因素。

信托的基本理念之一是信托财产的权利主体与利益主体相分离，即信托一旦有效设立，受托人便享有以自己的名义管理和处分信托财产的权利，但其应将由此产生的利益交付给委托人指定的受益人，并在信托终止时将信托财产也交付给该受益人或信托文件指定的其他人，其自身仅能依据信托文件的约定取得一定报酬。据此，通过设立环境信托，政府（在中国，由政府具体代表国家行使所有权）将特定的土地等环境资源委托给具有环境生态保护能力的受托人进行管理。在信托期间，由于受托人是以自己的名义管理该土地等环境资源的，基于其公益组织的属性和拥有该环境资源之后的归属感，其将依《信托法》和《信托合同》的规定运用保护环境生态的能力优势，对受托的环境资源进行有效管理，社会公众因此可以享受生态环境的共同利益，同时还便于避免为了地方经济的发展而牺牲环境现象的发生。在信托终止时，政府可以恢复行使对土地等环境资源的各项权利。这样，有利于弥补政府管理环境的不足。

2. 有利于实现对环境的合理利用和持续保护

信托的一个基本理念是有限责任，这既体现在信托的内部关系中，也体现在信托的外部关系中。信托内部关系中的有限责任表现为

---

① 周小明：《信托制度比较法研究》，法律出版社1996年版，第12页。

受托人对受益人支付信托利益,仅以信托财产为限负有限清偿责任。换言之,在信托事务处理过程中,只要受托人没有违反职责,即使未能取得信托利益或造成了信托财产的损失,受托人也不以自有财产负个人责任。信托外部关系中的有限责任则表现为受托人对因信托事务处理所发生的债务,以信托财产为限负有限清偿责任,只有当其违反职责时,才以自有财产承担清偿责任。同时,信托又是一种具有长期性和稳定性的财产管理制度。这根源于信托管理的连续性之中,主要表现为:信托成立后,除非受托人违反信托目的处分信托财产或者管理处分信托财产有重大过失,委托人不得解任受托人;受托人一旦接受信托,非经委托人和受益人同意(若该信托属于公益信托的,须经公益信托管理机构同意),不得随意辞去其职务;只有当受托人出现死亡、被宣告为无民事行为能力人或限制民事行为能力人、解散、破产、辞职或被解任等法定情形时,其职责方才终止。

信托的有限责任理念有助于激发环境信托的受托人经营管理土地等环境资源的能动性与创造性,对受托的土地等环境资源进行专业化管理和合理利用,充分发挥这些环境资源的效益,而绝非只是使其成为一个静止的生态保存库而已。而信托管理的连续性理念可使受托人对土地等环境资源的管理做好长期规划,防止短期行为影响土地等环境资源的价值。这样,有利于实现对环境的合理利用和持续保护。

3. 有利于有效保障环境的安全

根据信托财产的独立性理念,信托一旦有效设立,信托财产即从委托人、受托人和受益人的自有财产中分离出来,而成为一项独立运作的财产,仅服从于信托目的。信托财产的独立性产生了以下重要的法律后果:其一,委托人、受托人和受益人中任何一方的债权人都无法主张以信托财产偿债。其二,委托人或受托人死亡、解散、破产或被撤销的,信托财产不得作为其遗产或清算财产。

将信托财产的独立性理念运用到环境信托中,可使受托人将其自有财产与作为信托财产的土地等环境资源区分开来,其债权人不能主张以该土地等环境资源及其所生利益偿债;即使受托人发生了解散、被撤销等情形而终止,受托的土地等环境资源也不可能作为其清算财产。这样，有利于有效保障土地等环境资源的安全。

（三）环境信托制度的构建

为保障环境信托规范、有序地运行，世界上一些国家和地区专门制定了有关环境信托的法律。例如，英国早在1907年就制定了《国民信托法》；中国台湾地区于2003年颁布了"环境保护公益信托许可及监督办法"。借鉴其他国家和地区的立法例，笔者认为，在环境信托的立法方式上，中国可考虑先由环境保护部制定《环境信托实施办法》，然后在将来修改《环境保护法》《信托法》时增加环境信托制度的内容。在具体设计中国的环境信托制度时，应重点注意以下几个方面的问题。

1. 环境信托的受托人

选任合适的受托人对环境信托的运行效果至关重要。中国《信托法》第24条规定："受托人应当是具有完全民事行为能力的自然人、法人。法律、行政法规对受托人的条件另有规定的，从其规定。"环境保护属于社会公益事业，且专业性强、耗费的人力物力量大，一般的自然人、法人不宜担任环境信托的受托人，而由具有环境生态保护能力的民间环保组织作为受托人较为合适。因为从民间环保组织的宗旨而言，可以说与环境信托的理念不谋而合，二者均在于保护环境；民间环保组织的成员众多，其中多数成员都拥有较高的学识和专业技能，并且其物质和资金来源较为广泛，便于开展环境保护工作。在其他国家和地区，环境信托的受托人也是由民间环保组织来担任的。如英国的国民信托组织、日本的财团法人自然保育协会等。

环境信托的受托人在享有自主管理环境资源权利的同时，应履行相应的义务。这些义务应主要包括：（1）忠实义务。环境信托的受托人在对环境资源的日常管理活动中应以社会公众利益的最大化为出发点，不能为自己谋取不当利益。（2）亲自管理义务。委托人是基于对受托人环境保护能力的信任，而将环境资源委托给受托人管理的。环境信托的受托人应亲自管理受托的环境资源，不能再委托其他人进行管理。（3）谨慎义务。环境信托的受托人应以民间环保组织普遍具有的谨慎态度来管理受托的环境资源。（4）报告义务。环境

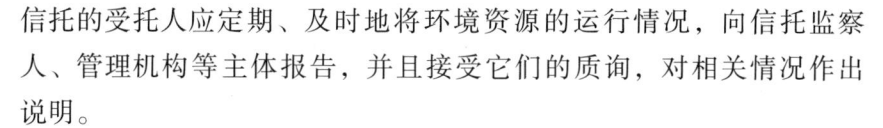

信托的受托人应定期、及时地将环境资源的运行情况，向信托监察人、管理机构等主体报告，并且接受它们的质询，对相关情况作出说明。

2. 环境信托的管理机构

中国《信托法》第 62 条规定："公益信托的设立和确定其受托人，应当经有关公益事业的管理机构（以下简称公益事业管理机构）批准。未经公益事业管理机构的批准，不得以公益信托的名义进行活动。"但对于哪些机构是公益事业管理机构，该法没有作出明确的规定。《慈善法》第 45 条则将民政部门作为慈善信托的备案机构。

为便于民政部门开展环境信托的备案和管理工作，可考虑在民政部门设置一个常态性质的环境信托审查及监督咨询机构。该机构可由环境保护部门、学者专家与民间环境保护组织的代表组成，定期召开会议讨论环境信托的申请、备案等事项。其在审查是否作出备案决定时，不应局限于受托人的财务状况或组织规模，主要应审查受托人是否具备专业能力管理信托财产。甚至国外环境保护组织若有意愿担任受托人，该机构也可考量国内环境保护技术与专业能力不足等因素，准许国外公益组织（如绿色和平组织）担任中国环境信托的受托人。

3. 环境信托的监察人

环境信托的受益人为不特定的社会公众，难以对受托人的行为实施有效的监督，而委托人一旦设立信托，除非信托法和信托文件另有规定，一般不干涉受托人对信托财产的经营管理行为，因此，为了保护社会公众的利益，环境信托有必要设置信托监察人。中国《信托法》第 64 条明确规定："公益信托应当设置信托监察人。信托监察人由信托文件规定。信托文件未规定的，由公益事业管理机构指定。"《慈善法》第 49 条则规定："慈善信托的委托人根据需要，可以确定信托监察人。"鉴于环境保护行政主管部门是负责环境保护工作的政府机构，熟悉环境保护事业，由其担任环境信托的监察人，有利于对环境信托受托人的行为进行有效监督。

为保障环境保护行政主管部门履行信托监察人的职责，应赋予其必要的权利。但中国《信托法》第 65 条仅规定"信托监察人有权以自己的名义，为维护受益人的利益，提起诉讼或者实施其他法律行为"，至于信托监察人享有哪些具体的权利，该法未作出明确规定。笔者认为，环境信托监察人至少应享有以下几种权利：（1）知情权。信托监察人有权向受托人提出要求，查阅、复制信托账簿、信托财产目录，以及其他有关信托财产收支情况的文件，并可以要求受托人对此作出说明。（2）撤销权及损害赔偿请求权。受托人如果违反信托义务或者不符合信托目的而处分信托财产的，信托监察人可以向法院请求撤销其处分行为，并请求赔偿损失。（3）诉权。如果信托监察人认为受托人的行为违反信托义务、不当处置信托财产的，有权以自己的名义，为了维护社会公众的利益而向法院提起诉讼或实施其他法律行为。

4. 环境信托的变更与终止

环境信托的变更、终止，涉及环境保护的公益目的是否能实现，因此，何种情形下环境信托将发生变更、终止十分重要。

根据中国《信托法》第66条、第68条、第69条的规定，环境信托的变更事由包括：（1）受托人辞任。受托人的辞任可以导致环境信托的变更。但由于环境信托受托人的随意辞任，不利于环境信托目的的实现，为此，中国《信托法》第66条要求受托人的辞任应经环境信托的管理机构批准。（2）受托人被解任。环境信托的受托人违反信托义务或者无能力履行其职责的，可由环境信托的管理机构变更受托人。（3）不能预见的情形发生。环境信托成立后，发生设立信托时不能预见的情形，环境信托的管理机构可以根据信托目的，变更信托文件中的有关条款。

中国《信托法》对公益信托的终止事由未作出特别规定，而是适用非公益信托终止事由的一般规定。根据该法第53条的规定，环境信托的终止事由有：信托文件规定的终止事由发生、信托的存续违反信托目的、信托目的已经实现或者不能实现、信托当事人协商同意、信托被撤销或被解除等。值得注意的是，若委托人、受托人、受益人之间对环境信托的目的能否实现发生争议时应如何处理，以及如何认定环境信托的目的不能实现，现行法未作出具体规定。笔者认为，将来对环境信托立法时,可规定若委托人、受托人、受益人之间对环境信托的目的能否实现发生争议时,当事人可向法院起诉,请求法院予以裁判。法院认定环境信托目的是否能实现时,可考虑信托目的若继续执行是否会危害社会公益;情事变更致使信托目的不能实现,是否仅是管理信托财产不符合成本效益原则或其他经济上的理由等因素加以确定。

环境是人类赖以生存并无可取代的空间资源,需要善加守护。中国在追求经济发展目标之际,妥善保护环境,构建人与自然的和谐关系至关重要。环境信托是通过民间组织的力量,对特定的土地等环境资源进行经营管理的一种环境保护方式。它对弥补政府管理环境的不足、实现对环境的合理利用和持续保护以及有效保障环境的安全等方面都具有重要的意义。中国的环保民间组织发展迅速,社会公众参与环境保护的热情较高。这为中国开展环境信托提供了有利的条件。只要对环境信托予以重视并建立相关的制度,其价值必将得到充分发挥。

二 教育信托:公立高校管理机制的新选择

多年来,构建合理有效的公立高校管理机制,始终是中国高等教育改革的中心命题之一。这一机制至少应能解决以下三个相互联系的问题:一是政府对公立高校的不当行政干预问题;二是公立高校的教育质量和办学效益问题;三是公立高校国有资产的流失问题。信托作为一种财产管理方式,在促进教育事业发展,构建合理有效的公立高校管理机制方面具有独特的功能。然而,在中国,教育信托没有引起人们的重视,相关制度也未建立。鉴于此,笔者拟从教育信托的法律界定与性质出发,对教育信托制度的价值进行探讨,并对建立中国教育信托制度提出构想,以期对中国公立高校管理机制的完善有所裨益。

(一)教育信托的法律界定与性质

1. 教育信托的法律界定

教育信托起源于英国。1601 年英国颁布的《慈善用益法》(*Stat-*

ute of Charitable Uses）序言中规定,"资助学术机构、兴办免费学校和资助大学教授"属于慈善目的的范围,以这些为目的设立的信托此后被认为是教育信托。[1] 目前,除英国之外,美国、日本、韩国、中国台湾地区等许多国家和地区都存在教育信托。[2]

对何谓教育信托,中国的法律没有专门加以界定,而是适用信托法有关信托的一般规定。根据中国《信托法》第2条的规定,信托是指"委托人基于对受托人的信任,将其财产权委托给受托人,由受托人按委托人的意愿以自己的名义,为受益人的利益或者特定目的,进行管理或者处分的行为"。据此,可将教育信托界定为:委托人基于对受托人的信任,将其财产权委托给受托人,由受托人以促进教育事业发展为目的而以自己的名义进行管理或处分,由此产生的利益归不特定的受教育者共同享有的行为。

就中国的公立高等教育而言,教育信托具有其自身的特殊性。这主要表现为:(1)信托财产为国有资产。信托是一种为他人利益管理财产的方式,其载体是信托财产。在公立高等教育信托中,信托财产属于国有资产,具体表现为国有土地、房屋、资金等。(2)委托人、受托人分别为国家、公立高校。信托关系中的委托人是提供财产设立信托的人,受托人则是管理或处分信托财产的人。中国《高等教育法》第6条规定:"国家根据经济建设和社会发展的需要,制订高等教育发展规划,举办高等学校,并采取多种形式积极发展高等教育事业。"该法第60条进一步规定:"国家建立以财政拨款为主、其他多种渠道筹措为辅的体制,使高等教育事业的发展同经济、社会发展的水平相适应。"可见,公立高等教育信托的委托人是国家,而受托人则为公立高校。(3)信托期限具有长期性。一般情况下,当事人设立信托时均自由约定信托存续的期限。由于公立高等教育承担着培养高级专门人才、发展科学技术文化、促进社会主义现代化建设的重大任务,因此,公立高等教育信托的期限具有长期性的特点。

---

[1] 赵磊:《公益信托法律制度研究》,法律出版社2008年版,第107页。
[2] 金锦萍:《公益信托与两大法系》,《中外法学》2008年第6期。

2. 教育信托的性质

信托依其目的是否具有公益性,可分为私益信托与公益信托。公益信托是指出于公益目的,为使社会公众或者一定范围内的社会公众受益而设立的信托;私益信托则是指公益信托以外的其他信托。由于教育信托的目的在于促进教育事业发展,受益人为不特定的受教育者,因此,从性质上看,教育信托应属于一种公益信托或慈善信托。中国《信托法》第60条即明确规定:"为了下列公共利益目的之一而设立的信托,属于公益信托:……(四)发展教育、科技、文化、艺术、体育事业……"

值得注意的是,教育信托的目的应当具有绝对的、排他的公益性,不得含有非公益的目的,或者以促进教育为主导。例如,云南国际信托投资有限公司分别于2004年和2006年发行了"爱心成就未来——稳健收益型"集合资金信托计划和"爱心稳健收益型集合资金信托计划"。其中,"爱心成就未来——稳健收益型"集合资金信托计划第一年度实现收益率3.72%,第二年度实现收益率4.9114%,两年累计向云南省青少年发展基金会捐赠资金208449.68元,并分别在石屏县和大姚县修建了两所公益信托希望小学。"爱心稳健收益型集合资金信托计划"预期收益为2.475%,投资收益超过2.475%部分将捐赠给云南省青少年基金会,用于修建信托希望小学,救助云南省内失学儿童,支持公益事业发展。[①] 这一信托虽然具有发展教育事业的目的,但并非实质意义上的教育信托,它其实是将发展教育事业与集合资金信托计划的投资理财功能相结合的一种信托。在该信托中,委托人的目的首先在于投资和营利,只是附带起到了发展教育事业的作用,因此,将其定性为私益信托更为适宜。

(二)教育信托制度的价值

目前,中国公立高校管理机制存在的问题主要表现为:政府集公立高等教育的举办权、管理权、办学权于一身,公立高校缺乏应有的

---

① 李玲艳:《云南省第二只公益信托产品出炉》,2019年8月6日,http://www.yn.xinhuanet.com/newscenter/2006-04/20/content_6802075.html。

办学自主权，以致"高校去行政化"的呼声日益高涨；公立高等教育"千校一面""千人一面"的现象较突出，公立高校的教育质量下滑，办学效益不高；对公立高校中的国有资产缺乏有效管理，造成国有资产的流失严重等。面对这些问题，不少学者主张运用委托代理理论来完善中国的公立高校管理机制，认为可将政府作为公立高等教育的委托人，公立高校则作为政府的代理人，二者之间形成一种委托合同关系，从而保障公立高校的办学自主权和提高办学效益。[①] 笔者认为，这种观点值得商榷。首先，根据委托代理理论，代理人是以委托人的名义对外从事活动的，而且其对外活动产生的法律后果应由委托人来承担。若将公立高校作为政府的代理人，则不但不能体现出公立高校的办学自主性，反而容易使公立高校对政府产生依赖感，成为政府的附属品。其次，在委托代理关系中，代理人只能在委托人授权的范围内进行活动，委托人可以监督和控制代理人的活动内容。若以此来构建公立高校管理机制，会为政府随意干预公立高校的教学科研和社会服务等行为提供合理依据，难以解决政府对公立高校管得过多、管得过死的状况。最后，按照委托代理理论，委托人、代理人均享有任意解除权，可以随时终止委托合同。如此，则可能诱发作为代理人的公立高校从事违背高等教育规律的行为，不利于公立高校对高等教育活动进行长期规划，培养出高质量的人才和促进科学技术文化的进步。

信托制度是一种为他人利益管理财产的制度，在英美法系国家和部分大陆法系国家、地区得到了普遍运用与发展，中国也于2001年颁布《信托法》，引进了信托制度。尽管不同国家和地区的信托制度存在着差异，但信托的基本理念在各国和地区都是相同的，即信托财产的权利主体与利益主体相分离、信托财产的独立性、有限责任和信托管理的连续性。正是信托具有的这些基本理念，使得教育信托制度在中国公立高校管理机制的完善中发挥着独特的价值。具

---

① 李建奇、张应强：《基于委托代理理论的政府与公立高校关系研究》，《高等教育研究》2011年第7期。

体而言有如下几方面价值。

1. 有利于避免政府的不当行政干预,保障公立高校的办学自主权

信托的基本理念之一是信托财产的权利主体与利益主体相分离,即信托一旦有效设立,委托人便不得随意干涉信托财产的运作,受托人享有以自己的名义自主管理和处分信托财产的权利,但其应将由此产生的利益交付给委托人指定的受益人,并在信托终止时将信托财产也交付给该受益人或信托文件指定的其他人,其自身仅能依据信托文件的约定取得一定报酬。

据此,通过设立教育信托,政府(在中国,由政府具体代表国家行使财产所有权)将国有土地、房屋、资金等财产委托给公立高校进行管理。在信托期间,公立高校能以自己的名义自主管理信托财产,政府不得随意干预其管理活动。这使得公立高校可以充分运用其从事高等教育方面的能力优势,对受托的财产进行有效管理,社会公众因此可以享有接受高等教育的共同利益。在信托终止时,政府可以恢复行使对国有土地、房屋、资金等财产具有的权利。可见,教育信托制度有利于避免政府的不当行政干预,保障公立高校的办学自主权。

2. 有利于提高公立高校的教育质量和办学效益

信托的一个基本理念是有限责任,这既体现在信托的内部关系中,也体现在信托的外部关系中。信托内部关系中的有限责任表现为受托人对受益人支付信托利益,仅以信托财产为限负有限清偿责任。换言之,在信托事务处理过程中,只要受托人没有违反职责,即使未能取得信托利益或造成了信托财产的损失,受托人也不以自有财产负个人责任。信托外部关系中的有限责任则表现为:受托人对因信托事务处理所发生的债务,以信托财产为限负有限清偿责任;只有当其违反职责时,才以自有财产承担清偿责任。同时,信托又是一种具有长期性和稳定性的财产管理制度。这根源于信托管理的连续性之中,主要表现为:信托成立后,除非受托人违反信托目的处分信托财产或者管理处分信托财产有重大过失,委托人不得解任受托人;受托人一旦接受信托,非经委托人和受益人同意(若该信托属于公益信托的,需经公益信托管理机构同意),不得随意辞去其职务;只有当受托人出

现死亡、被宣告为无民事行为能力人或限制民事行为能力人、解散、破产、辞职或被解任等法定情形时，其职责方才终止。

信托的有限责任理念有助于激发作为教育信托受托人的公立高校管理信托财产的能动性与创造性，对受托的财产进行科学管理和合理利用，使公立高校办出自身的特色，提升人才培养、科学研究和社会服务等方面的水平。而信托管理的连续性理念可使公立高校根据高等教育的规律，对信托财产的管理做好长期规划，防止出现各种教育短期行为，损害广大受教育者的利益。因此，教育信托制度有利于提高公立高校的教育质量和办学效益。

3. 有利于防止公立高校国有资产的流失

根据信托财产的独立性理念，信托一旦有效设立，信托财产即从委托人、受托人和受益人的自有财产中分离出来，而成为一项独立运作的财产，仅服从于信托目的。信托财产的独立性产生了以下重要的法律后果：其一，委托人、受托人和受益人中任何一方的债权人都无法主张以信托财产偿债。其二，委托人或受托人死亡、解散、破产或被撤销的，信托财产不得作为其遗产或清算财产。其三，受托人违反信托目的处分信托财产的，受益人有权撤销受托人的处分，从而使信托财产恢复原状。在教育信托中，作为受托人的公立高校对国有土地、房屋等信托财产仅享有管理处分权而不能享有任何信托利益，其债权人不能对信托财产主张权利。若公立高校违反教育目的处分信托财产，作为受益人的广大受教育者可以依法行使撤销权。即使公立高校发生了解散、被撤销等情形而使教育信托终止，受托的国有土地、房屋等财产也不可能作为其清算财产。这样，有利于有效保障公立高校中国有资产的安全，防止国有资产的流失。

（三）教育信托制度的构建

为保障教育信托规范、有序地运行，一些国家和地区专门制定了有关教育信托的法律。例如，日本1977年颁布了《文部省所管公益信托许可和监督法令》，中国台湾地区也于2001年6月出台了"教育公益信托许可及监督办法"。借鉴这些国家和地区的立法例，笔者认为，构建中国的教育信托制度，应重点注意以下几个方面的问题。

1. 教育信托的管理机构

中国《信托法》第62条规定："公益信托的设立和确定其受托人，应当经有关公益事业的管理机构（以下简称公益事业管理机构）批准。未经公益事业管理机构的批准，不得以公益信托的名义进行活动。"但对于哪些机构是公益事业管理机构，该法没有作出明确的规定。在其他国家和地区，公益信托的管理机构存在着差异。英国由慈善委员会作为公益信托的专门管理机构，美国由各州总检察长负责公益信托的管理，而日本和中国台湾地区则由相关领域的行政主管机关担任公益信托的管理机构。[①]

在中国，《慈善法》将民政部门作为慈善信托的备案和管理机构。由人大教科文卫委员会专门负责教育、科学、文化、卫生等领域的立法以及开展执法监督检查等工作，在民政部门对教育信托进行监督管理时，可加强与人大教科文卫委员会的合作。

2. 教育信托受托人的权利与义务

为实现教育信托的目的，应赋予作为受托人的公立高校自主办学的权利。这些权利应主要包括：（1）自主开展教学活动、科学研究、技术开发和社会服务的权利；（2）自主设置和调整学科、专业的权利；（3）自主制定学校规划并组织实施的权利；（4）自主设置教学、科研、内部管理机构的权利；（5）自主确定内部收入分配的权利；（6）自主管理和使用人才的权利；（7）自主管理和使用学校财产和经费的权利。

作为受托人的公立高校在享有办学自主权的同时，还应履行相应的义务。这些义务主要有：（1）忠实义务。公立高校在对信托财产的日常管理活动中，应以广大受教育者利益的最大化为出发点，不能为自己谋取不当利益；（2）亲自管理义务。委托人是基于对受托人的信任，而将信托财产委托给受托人管理的。作为受托人的公立高校应亲自管理受托的财产，不能再委托其他人进行管理；（3）谨慎义务。公立高校应以教育组织普遍具有的谨慎态度来管理信托财产，避

[①] 赖源河、王志诚：《现代信托法论》，中国政法大学出版社2002年版，第230页。

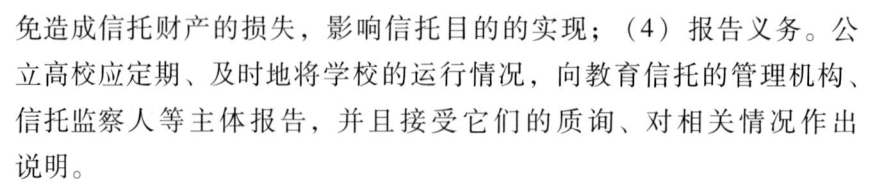

免造成信托财产的损失，影响信托目的的实现；（4）报告义务。公立高校应定期、及时地将学校的运行情况，向教育信托的管理机构、信托监察人等主体报告，并且接受它们的质询、对相关情况作出说明。

3. 教育信托受益人的权利

公立高校对信托财产的管理运用与广大受教育者利害攸关，因此，为保障受教育者的利益，应赋予其对公立高校管理运用信托财产的监控权。这具体包括：受教育者有权了解信托财产的运行情况，查阅、抄录或者复制与信托财产有关的账目及相关文件，并有权要求公立高校作出说明；当公立高校实行的管理方法不当，不利于实现高等教育的目的时，有权要求公立高校调整管理方法；若公立高校违反信托目的处分信托财产或者管理运用、处分信托财产有重大过失，已不适宜继续担任受托人的，受教育者有权依法解任受托人等。

4. 教育信托的监察人

由于受教育者可能不愿意或不能对公立高校的管理行为实施有效监督，而国家一旦设立教育信托，除非法律和信托文件另有规定，一般不干涉公立高校对信托财产的管理处分行为，因此，为了更好地保护广大受教育者的利益，教育信托有必要设置信托监察人。中国《信托法》第64条明确规定："公益信托应当设置信托监察人。信托监察人由信托文件规定。信托文件未规定的，由公益事业管理机构指定。"《慈善法》并未强制要求慈善信托设置信托监察人。鉴于教育行政主管部门熟悉教育事业，具有监督公立高校管理行为的优势，因此，可由其担任教育信托的监察人。

为保障教育行政主管部门履行信托监察人的职责，应赋予其必要的权利。但中国《信托法》第65条仅规定"信托监察人有权以自己的名义，为维护受益人的利益，提起诉讼或者实施其他法律行为"，至于信托监察人享有哪些具体的权利，该法未作明确规定。笔者认为，教育信托监察人至少应享有以下几种权利：（1）知情权。教育信托监察人有权向公立高校提出要求，查阅、复制信托账簿、信托财产目录，以及其他有关信托财产收支情况的文件，并可以要求公立高校对此作出说明；（2）撤销权及损害赔偿请求权。公立高校如果违反信托义务或者不符合信托目的而处分信托财产的，教育信托监察人可以向法院请求撤销其处分行为，并请求赔偿损失；（3）诉权。如果教育信托监察人认为公立高校的行为违反信托义务、不当处置信托财产的，有权以自己的名义，为了维护广大受教育者的利益而向法院提起诉讼或实施其他法律行为。

为实现中国高等教育发展的目标，构建合理有效的公立高校管理机制至关重要。教育信托是公立高校管理方式的一种创新，它对于避免政府的不当行政干预，保障公立高校的办学自主权；提高公立高校的教育质量和办学效益；防止公立高校国有资产的流失等具有重要的意义。我们相信，只要对教育信托予以重视并健全相关的制度，其价值必将得到充分发挥。

主要参考文献

一 著作类

陈春山:《证券投资信托契约论》,五南图书出版股份有限公司1987年版。

陈春山:《证券投资信托专论》,五南图书出版股份有限公司1997年版。

方嘉麟:《信托法之理论与实务》,中国政法大学出版社2004年版。

高岚:《日本投资信托及投资法人法律制度研究》,云南大学出版社2007年版。

郭锋、陈夏等:《证券投资基金法导论》,法律出版社2008年版。

何宝玉:《英国信托法原理与判例》,法律出版社2001年版。

何宝玉:《信托法原理与判例》,中国法制出版社2013年版。

何宝玉:《信托法原理研究》(第2版),中国法制出版社2015年版。

何德旭:《中国投资基金制度变迁分析》,西南财经大学出版社2003年版。

霍玉芬:《信托法要论》,中国政法大学出版社2003年版。

赖源河、王志诚:《现代信托法论》(增订三版),中国政法大学出版社2002年版。

李建国:《基金治理结构——一个分析框架及其对中国问题的解释》,中国社会科学出版社2003年版。

李进之等:《美国财产法》,法律出版社1998年版。

梁慧星:《民法解释学》,中国政法大学出版社1995年版。

马俊驹、余延满：《民法原论》（上），法律出版社1998年版。

彭插三：《信托受托人的法律地位比较研究——商业信托的发展及其在大陆法系的应用》，北京大学出版社2008年版。

全国人大《信托法》起草工作组：《〈中华人民共和国信托法〉释义》，中国金融出版社2001年版。

孙洁丽：《慈善信托法律问题研究》，法律出版社2019年版。

王苏生：《证券投资基金管理人的责任》，北京大学出版社2001年版。

王文宇：《新金融法》，元照出版有限公司2003年版。

王泽鉴：《民法总则》（增订版），中国政法大学出版社2001年版。

王志诚：《信托之基本法理》，元照出版有限公司2005年版。

王志诚：《信托法》，五南图书出版股份有限公司2011年版。

吴弘、贾希凌、程胜：《信托法论》，立信会计出版社2003年版。

夏雨：《比较法视野下的慈善信托》，中国社会科学出版社2017年版。

谢锟：《英国慈善信托制度研究》，法律出版社2011年版。

谢哲胜：《信托法总论》，元照出版有限公司2003年版。

徐孟洲主编：《信托法》，法律出版社2006年版。

徐卫：《慈善宣言信托制度构建研究》，法律出版社2012年版。

杨崇森：《信托与投资》，中正书局1976年版。

杨崇森：《信托法原理与实务》，三民书局2010年版。

杨晓军：《证券投资基金治理的制度安排》，中国财政经济出版社2003年版。

余卫明：《信托受托人研究》，法律出版社2007年版。

曾世雄：《损害赔偿法原理》，中国政法大学出版社2001年版。

张淳：《信托法原论》，南京大学出版社1994年版。

张淳：《中国信托法特色论》，法律出版社2013年版。

张淳：《信托法哲学初论》，法律出版社2014年版。

张军建：《信托法基础理论研究》，中国财政经济出版社2009年版。

张天民：《失去衡平法的信托》，中信出版社2004年版。

张永：《慈善信托的解释论与立法论》，中国法制出版社2019年版。

赵磊：《公益信托法律制度研究》，法律出版社2008年版。

中国信托业协会编著：《慈善信托研究》，中国金融出版社2016年版。

中国人民大学信托与基金研究所：《中国信托业发展报告（1979—2003）》，中国经济出版社2004年版。

中国人民大学信托与基金研究所：《中国信托业发展报告（2008）》，中国经济出版社2009年版。

中国人民大学信托与基金研究所：《2009年中国信托公司经营蓝皮书》，中国经济出版社2009年版。

钟瑞栋、陈向聪：《信托法》，厦门大学出版社2004年版。

周小明：《信托制度比较法研究》，法律出版社1996年版。

周小明：《信托制度：法理与实务》，中国法制出版社2012年版。

［日］道垣内弘人：《信托法入门》，姜雪莲译，中国法制出版社2014年版。

［日］能见善久：《现代信托法》，赵廉慧译，中国法制出版社2011年版。

［日］新井诚：《信托法》，刘华译，中国政法大学出版社2017年版。

［日］中野正俊、张军建：《信托法》，中国方正出版社2004年版。

Andrew Oakley, Parker and Mellows, *The Modern Law of Trusts*, London: Sweet & Maxwell Ltd., 9th ed., 2008.

David J. Hayton, *Law of Trusts and Trustees*, London: Butterworths, 1995.

David Hayton, *The Law of Trusts*, London: Sweet & Maxwell, 4th edition, 2003.

David Hayton and Charles Mitchell, *Commentary and Cases on the Law of Trusts and Equitable Remedies*, London: Sweet & Maxwell, 12th edition, 2005.

Ellzabeth Cairns, *Charities: Law and Practice*, London: Sweet & Maxwell, 1988.

Gary Wat, *Trusts and Equity*, Oxford: Oxford University Press, 2003.

George T. Bogert, *Trusts*, Saint Paul: West Publishing Co., 1987.

George G. Bogert & George T. Bogert, *The Law of Trusts and Trustee*, Saint Paul: West Publishing Co., 1993.

Maurizio Lupoi, *Trusts: A Comparative Study*, Cambridge: Cambridge University Press, 2000.

Paul Todd, *Textbook on Trusts*, Oxford: Oxford University Press, 2000.

Peter Luxton, *The Law of Charities*, Oxford: Oxford University Press, 2000.

Philip H. Pettit, *Equity and the Law of Trusts*, London: Butterworths, 1979.

二 论文类

巴曙松、陈华良：《证券投资基金关联交易的国际比较及其借鉴》，《东北财经大学学报》2004年第1期。

曹严礼、和秀星：《美国信托业的发展及其对我国的启示》，《内蒙古财经学院学报》2001年第4期。

程胜：《我国信托业立法的历程回顾》，《华东政法大学学报》2002年第2期。

陈丽苹：《证券投资基金的法律性质》，《中国法学》2004年第3期。

陈素玉、张渝：《论证券投资基金的法律制度》，《中国法学》1998年第6期。

陈玉林：《日本信托业的发展及其对我国的启示》，《经济与社会发展》2003年第7期。

高传捷：《中国信托业的现状与展望》，《法学》2005年第1期。

高岚：《日本公司型投资基金法律制度及其对我国的启示》，《思想战线》2006年第3期。

贺万忠：《我国证券投资基金契约结构设计之检讨》，《法律科学》2000年第1期。

胡吕银：《信托制度在大陆法系的命运》，《社会科学战线》2005年第6期。

金锦萍：《公益信托与两大法系》，《中外法学》2008 年第 6 期。

金锦萍：《论公益信托之界定及其规范意义》，《华东政法大学学报》2015 年第 6 期。

李培锋：《英美信托财产权难以融入大陆法物权体系的根源》，《环球法律评论》2009 年第 5 期。

李廷芳、陈伟忠、吕楠：《我国信托公司经营行为异化的博弈分析》，《中国工业经济》2007 年第 7 期。

李喜燕：《慈善信托近似原则在美国立法中的发展及其启示》，《比较法研究》2016 年第 3 期。

李智仁：《日本信托法之修法重点》，《月旦财经法杂志》2008 年第 3 期。

李文华：《完善我国慈善信托制度若干问题的思考》，《法学杂志》2017 年第 7 期。

李仲翔、杨晓光、汪寿阳：《美国基金行业公司治理的独立性及对中国基金监管的启示》，《国际金融研究》2001 年第 7 期。

栗燕杰：《我国慈善信托法律制度的变迁与完善》，《河北大学学报》（哲学社会科学版）2016 年第 9 期。

刘兵军、宋耀：《信托新政下中国信托公司功能重塑》，《经济导刊》2008 年第 1 期。

刘俊海：《投资基金立法中的若干争议问题研究》，《杭州师范学院学报》2002 年第 2 期。

刘庆生、杨晔、陆虹：《中国信托业的反思与前瞻》，《管理世界》2000 年第 3 期。

刘迎霜：《我国公益信托法律移植及其本土化：一种正本清源与直面当下的思考》，《中外法学》2015 年第 10 期。

楼建波：《信托财产分别管理与信托财产独立性的关系——兼论〈信托法〉第 29 条的理解与适用》，《广东社会科学》2016 年第 4 期。

吕红：《论信托公示制度的完善》，《社会科学》2004 年第 2 期。

倪建文：《慈善信托扶贫的中国实践及其发展路径的思考》，《上海市经济管理干部学院学报》2018 年第 6 期。

倪受彬：《现代慈善信托的组织法特征及其功能优势——与慈善基金会法人的比较》，《学术月刊》2014年第7期。

潘嘉玮：《论信托的法律性质及我国〈信托法〉的得失》，《广东社会科学》2002年第1期。

潘秀菊：《高龄化社会信托商品之规划》，《月旦财经法杂志》2008年第1期。

潘耀明、康锐：《信托之困境拟或信托业之困境——论我国〈信托法〉下的资产管理市场》，《上海财经大学学报》2007年第2期。

税兵：《基金会治理的法律道路——〈基金会管理条例〉为何遭遇"零适用"》，《法律科学》2010年第6期。

汤淑梅：《信托登记制度的构建》，《法学杂志》2008年第6期。

汤维建、刘静：《为谁诉讼 何以信托》，《现代法学》2007年第1期。

唐建辉：《美国信托法之受托人投资标准初探》，《上海金融》2006年第4期。

于海涌：《论英美信托财产双重所有权在中国的本土化》，《现代法学》2010年第3期。

吴英杰：《论受托人违反信托本旨而为信托财产之处分：救济方法及其法理基础》，《台大法学论丛》2015年第2期。

王东升：《中国信托业：淘尽黄沙始见"金"》，《中国金融家》2007年第4期。

王建军、燕翀、张时飞：《慈善信托法律制度运行机理及其在我国发展的障碍》，《环球法律评论》2011年第4期。

王利明：《我国证券法中民事责任制度的完善》，《法学研究》2001年第4期。

王涛：《论公益信托受托人的忠实义务》，《社会科学战线》2015年第6期。

王志诚：《信托监督机制之基本构造——以信托财产评审委员会与信托监察人为中心》，《台湾大学法学论丛》2003年第9期。

谢琼：《欧洲慈善监管模式及对我国的启示》，《苏州大学学报》2015

年第 5 期。

徐孟洲：《论我国公益信托的设立》，《广东社会科学》2012 年第 5 期。

薛智胜、王海涛：《论我国公益信托监察人法律制度的完善》，《天津大学学报》（社会科学版）2009 年第 3 期。

闫海：《慈善信托监察人：法制发展、法律定位与规范重构》，《学术探索》2018 年第 5 期。

杨大楷、刘佳：《我国慈善信托登记：现实困境与制度变革》，《南方金融》2017 年第 4 期。

张淳：《试论受托人违反信托的赔偿责任——来自信托法适用角度的审视》，《华东政法学院学报》2005 年第 5 期。

张淳：《论由受托人享有的信托财产所有权》，《江海学刊》2007 年第 5 期。

张淳：《我国信托财产所有权归属的态度及其法理审视》，《甘肃政法学院学报》2007 年第 9 期。

张淳：《关于信托受益权的性质——对有关国家法学界有关研究的审视与检讨》，《湖南大学学报》（社会科学版）2010 年第 5 期。

张国清：《基金持有人大会法律制度研究》，《证券市场导报》2003 年第 10 期。

张军建、王巍：《中国（长沙）信托国际论坛综述》，《中南大学学报》（社会科学版）2005 年第 1 期。

张军建：《论中国信托法中的委托人的撤销权——兼评中国〈信托法〉第 22 条》，《法学家》2007 年第 3 期。

赵廉慧：《日本信托法修改及其信托观念的发展》，《北方法学》2009 年第 4 期。

赵廉慧：《"后〈慈善法〉时代"慈善信托制度的理论与实践》，《中国非营利评论》2017 年第 1 期。

赵廉慧：《我国遗嘱继承制度背景下的遗嘱信托法律制度探析》，《法学杂志》2016 年第 8 期。

钟青：《证券投资基金主体法律制度研究》，王保树主编《商事法论集》(第 5 卷),法律出版社 2000 年版。

周贤日:《慈善信托:英美法例与中国探索》,《华南师范大学学报》(社会科学版)2017 年第 2 期。

朱柏松:《论受托人违反信托本旨处分信托财产之效力》,《月旦法学杂志》2002 年第 3 期。

Austin Fleming, "Prudent Investments: The Varying Standards of Prudence, Real Property", *Probate and Trust Law Journal*, Vol. 12, 1977.

Edward C. Halbach, Jr., "Trust Investment Law in the Third Restatement", *Iowa Law Review*, March, 1992.

Edward C. Halbach, "Uniform Acts, Restatements, and Trends in American Trust Law at Century's End", *California Law Review*, Vol. 88, 2000.

Henry Hansman & Ugo Mattei, "The Functions Of Trust Law: A Comparative Legal And Economic Analysis", *N. Y. U. L. Rev.*, Vol. 73, 1998.

John C. Coffee, Jr., "The Mandatory/Enabling Balance in Corporate Law: An Essay on the Judicial Role", *Columbia Law Review*, Vol. 89, 1989.

John H. Langbein, "The Contraction Basis of the Law of Trusts", *Yale Law Journal*, Vol. 105, 1995.

Martin D. Begleiter, "Does the Prudent Investor Need the Uniform Prudent Investor Act—An Empirical Study of Trust Investment Practices", *Maine Law Review*, 1999.

Melanie B. Leslie, "Trusting Trustees: Fiduciary Duties And The Limits Of Default Rules", *Geo. L. J.*, Vol. 94, 2005.

Peter Millett, "Equity's Place in the Law of Commerce: Restitution and Constructive Trusts", *Law Quarterly Review*, Vol. 114, 1998.

Robert J. Aatbers & Percy S. Roon, "The New Prudent Investor Rule and The Mordern Portfolio Theory: A New Direction for Fiduciaries", *American Business Law Journal*, Vol. 34, 1996.

Shattuck, "The Development of the Prudent Man Rule for Fiduciary Investment in the United States in the Twentieth Century", *Ohio State Law*

Journal, Vol. 12, 1951.

Sheldon A. Jones, Laura M. Moret, and James M. Storey, "The Massachusetts Business Trust and Registered Investment Companies", *Delaware Journal of Corporate Law*, 1988.

Steven R. Swanson, "Discriminatory Charitable Trusts: Time for a Legislative Solution", *University of Pittsburgh Law Review*, Vol. 48, 1986.

Tamar Frankel, "Fiduciary Duties as Default Rules", *Or. L. Rev.*, Vol. 74, 1995.

Thomas P. Gallanis, "The Trustee's Duty to Inform", *North Carolina Law Review*, Vol. 85, 2007.

Vanessa Laird, "The Search for a General Charitable Intent in the Application of the Cy-Pres Doctrine", *Stanford Law Review*, Vol. 40, 1988.

William A. Drennan, "Surnamed Charitable Trusts: Immortality at Taxpayer Expense", *Alabama Law Review*, Vol. 61, 2010.